歴史文化ライブラリー
214

# 赤穂浪士の実像

谷口眞子

吉川弘文館

# 目　次

# 歴史と物語──プロローグ

## 赤穂事件と「忠臣蔵」

「忠臣蔵《ちゅうしんぐら》」を知っていますか、と聞かれたら、たいていの人は、浅野《あさの》内匠《たくみの》頭《かみ》が吉良上野介《きらこうずけのすけ》に切りつけて切腹・御家断絶を言い渡され、大石内蔵助《おおいしくらのすけ》をはじめ家臣四七人が吉良邸に討ち入って、主君の敵討《かたきうち》をした事件と答えるのではないだろうか。「忠臣蔵」に興味を持っている人なら、内匠頭は賄賂《わいろ》を渡さなかったために上野介から執拗《しつよう》にいじめられ、その鬱憤《うつぷん》がたまって刃傷《にんじょう》に及んだと言うかも知れない。ドラマや歌舞伎などで「忠臣蔵」をみた人は、いかにも悪人面した上野介が、線の細い内匠頭にいやがらせをしている場面を思い浮かべるだろう。

「忠臣蔵」は人形浄瑠璃《じょうるり》・歌舞伎の「仮名手本忠臣蔵《かなでほんちゅうしんぐら》」の略だが、実はこの演目には浅野内匠頭も吉良上野介も大石内蔵助も登場しない。にもかかわらず、人々が「忠臣蔵」

と聞いて彼らの名前を連想するのはなぜか。

史実としての赤穂《あこう》事件は、次のような経過をたどった。徳川綱吉が将軍職にあった元禄一四年（一七〇一）三月一四日、赤穂藩主浅野内匠頭長矩《あさのたくみのかみながのり》が江戸城松の廊下で、高家肝煎《こうけきもいり》吉良上野介義央《きらこうずけのすけよしなか》《よしひさ》に切りかかった。内匠頭が刃傷に及んだ原因は事件当時から不明であった。内匠頭が上野介に賄賂を渡さなかったからだとか、内匠頭が赤穂の特産品である塩の精製方法を教えなかったためだとか、さまざまな説があるがいずれも憶測に過ぎない。幕府は内匠頭に切腹・御家断絶を言い渡し、無抵抗の上野介を「お構いなし」とした。内匠頭の弟で養嗣子《ようしし》の浅野大学長広《あさのだいがくながひろ》は閉門を命じられ、赤穂藩の江戸藩邸と赤穂城は収公され、家臣も城下から退去した。

赤穂藩の家老大石内蔵助良雄《おおいしくらのすけよしたか》は、当初御家再興《おいえさいこう》のために運動していたが、幕府が上野介の隠居と養子左兵衛義周《さへえよしちか》の家督相続を認め、大学を本家広島浅野家へ差し置きにしたことを受けて、元禄一五年（一七〇二）一二月一四日、赤穂浪士四六人と江戸本所の吉良邸へ討ち入り、上野介の首を泉岳寺《せんがくじ》にある内匠頭の墓前にたむけた。幕府は翌年二月四日、討ち入りのあと姿を消した寺坂吉右衛門をのぞく四六人を切腹させ、遺児に遠島を命じる。吉良左兵衛は知行地を召し上げられ、高島藩諏訪家へお預けとなった。

宝永六年（一七〇九）、将軍綱吉の死去にともなう恩赦により遺児たちは赦免され、大学も広島藩差し置きを解除されて、翌年安房国に新知五〇〇石を与えられた。一方吉良家は、宝永三年（一七〇六）左兵衛がお預け先で死亡したため断絶する。それから四半世紀を経た享保一七年（一七三二）、上野介の弟の家筋である東条家が家号を吉良に改めたいと嘆願《たんがん》し、吉良の家名が復活した。以上が赤穂事件の概要である。

**「仮名手本忠臣蔵」にみえる刃傷の原因**

ところが、赤穂事件を素材にしたと言われる「仮名手本忠臣蔵」は、時代や登場人物の名前を変えているばかりではなく、演じられる場面のほとんどが創作によるもので、史実とはほど遠い。たとえば大序《だいじょ》「鶴ヶ岡八幡宮社頭の場」から三段目「足利殿殿中松の間の場」にかけて、討ち入りの発端となった殿中刃傷の原因は次のように描かれている。

足利直義は、新田義貞の兜《かぶと》を探して鶴岡八幡宮に奉納するよう、尊氏から命じられた。高師直《こうのもろのう》（吉良上野介）は兜の奉納に難色を示すが、桃井若狭之助《もものいわかさのすけ》はそうすることで義貞の家臣を投降させようとする尊氏の計略を見抜き、師直の軽率さを指摘する。そのため、二人の間には確執が生まれた。その後、師直が顔世御前《かおよごぜん》（内匠頭の室阿久里《あぐり》）に懸想《けそう》して恋文を渡そうとするのを若狭之助が目撃し、顔世御前を窮地から救ったため、一触即発の事態になった。若狭之助の家老加古川本蔵《かこがわほんぞう》は、師直へ賄賂を渡して懐柔《かいじゅう》に成功し、師直は翌日、若狭之助に平身低頭して非礼をわびる。しかし、みじめな自分の姿に耐えられない師直は塩冶判官《えんやはんがん》（浅野内匠頭）に八つ当たりし、顔世御前から断りの手紙が届いたことと相まって塩冶判官に罵詈雑言《ばりぞうごん》を吐き、堪忍袋《かんにんぶくろ》の緒《お》が切れた判官が師直に切りかかる。

師直は女好き・賄賂好き、そして人に頭を下げるのが嫌いで高飛車な態度をとる横柄な人物として登場するものの、師直と判官の間にはもともと刃傷に至るような原因はなかったことになっている。判官は、妻や若狭之助の「とばっちり」を受けて刃傷に及んだ人物として描かれているのである。

## 創られたイメージ

観客が判官に同情を寄せるのは、師直がこれでもかこれでもかと判官に悪口雑言《あっこうぞうごん》を吐き、無礼に及ぶからである。顔を茶色に塗り黒い隈取《くまどり》をした師直は、顔世御前から断りの短冊《たんざく》を受け取り、次のようなせりふを判官へ浴びせかける。

いや、道理こそ酒くさい。美しい奥方と、さいつささいつお酒盛、それで登城が遅うなったか。それほど奥方が大切なら明日から出仕無用だ。総じて貴様のような侍を何とやら申した。おおそれそれ井の内の鮒《ふな》じゃと申すたとえがある。後学のためだ、聞いておかっせい。かの鮒という奴は、僅《わず》か三尺か四尺の井の中を、天にも地にもない結構な所と心得ておりまする。井戸替えの釣瓶《つるべ》にかかって上がりましたじゃ。それをこの師直のような慈悲深い者が、大川へ放してやりますると、かの鮒めが小さな所か

図１　歌舞伎「仮名手本忠臣蔵」足利殿中松の間刃傷の場（2002年11月公演．左より塩冶判官〈中村梅玉〉，高師直〈中村鴈治郎〉．国立劇場写真提供）

ら大きな所へ放したによって度を失い、あっちへはふらふら、こっちへはふらふら、橋杭へ鼻っ柱をぶっつけて。ピリピリピリと死にますじゃ。貴様がちょうどその鮒だ。

（「仮名手本忠臣蔵」台本）

師直の無礼は延々と続き、忍耐の限度を超えた判官が切りつける。観客は判官の行動を当然と感じ、師直を切り殺せなかった主人の無念の思いを引き継いで、討ち入りをする家臣たちに喝采《かっさい》する。吉良邸討ち入りを当初から主張し続けたのは堀部安兵衛《ほりべやすべえ》だが、歌舞伎では大星由良之助《おおぼしゆらのすけ》（大石内蔵助）が最初から家臣団の中心になって、討ち入りを画策する筋立てになっている。

由良之助は懐《ふところ》が深く、非の打ち所のないヒーローとして描かれている。それと対照的に、吝嗇《りんしょく》で欲深い師直は判官に切られて当然の「悪人」と設定されている。こうして、勧善《かんぜん》懲悪《ちょうあく》と武士の義理と縁《えにし》の不思議を展開するプロットの中で、高師直・塩冶判官・大星由良之助のイメージができあがり、人々はそれがあたかも歴史的事実であるかのように錯覚し、実在した吉良上野介・浅野内匠頭・大石内蔵助にだぶらせてきたのである。

## 歴史と物語の峻別

しかし「仮名手本忠臣蔵」はあくまでも芝居であり物語である。実際の赤穂事件では内匠頭が切腹した時、内蔵助は国元の赤穂にいて内匠頭の刃傷さえ知らなかったから、切腹にのぞんだ主君とみつめ合って敵討を誓《ちか》えたはずもない。討ち入りを当初から決意していたのは堀部安兵衛であって内蔵助ではなかったし、お軽《かる》・勘平《かんぺい》の恋物語も創作である。にもかかわらず、実際の赤穂事件と物語の「仮名手本忠臣蔵」が、これほど区別されずに語られてきたのにはわけがある。

赤穂浪士による吉良邸襲撃は、幕府のみならず人々の耳目《じもく》を驚かせた事件だった。浪士が切腹してから一二日目には、早くも歌舞伎「曙《あけぼの》曾我夜討《そがのようち》」が江戸中村座で上演され——ただし興行三日にして奉行所より公演中止命令が出された——、浪士の遺児たちの遠島赦免と大学による浅野家再興を受けて義士劇ブームも起きた。しかし、吉良邸討ち入りから数えて四七年目の寛延元年（一七四八）、竹田出雲《たけだいずも》・三好松洛《みよししょうらく》・並木千柳《なみきせんりゅう》の合作による浄瑠璃「仮名手本忠臣蔵」が大坂竹本座で初演され、翌年歌舞伎でも上演されて大当たりを取ると、赤穂事件は「忠臣蔵」として知られるようになった。以後、内匠頭の殿中刃傷と赤穂浪士による吉良邸討ち入りは「忠臣蔵」の名で人々に記憶され、「国民の物語」の一角を形成することになる。芝居・映画やドラマの時代劇を観るうちに、私たちはともすれば、どれが史実でどれが物語かを意識することなく、知らず知らずのうちにイメージを作り上げてしまう傾向にあるが、「忠臣蔵」はその最たる例である。

たしかに、江戸時代のみならず日本の歴史を通じて「忠臣蔵」ほど人口《じんこう》に膾炙《かいしゃ》し、浄瑠璃や歌舞伎、黄表紙《きびょうし》や落語・小咄《こばなし》などでとりあげられた事件はほかに存在しない。赤穂事件が「忠臣蔵」文化として、日本人の観念に及ぼした影響は大きい。したがって、赤穂事件という歴史を後世の人々がどのように記憶したか、彼らをどのように顕彰したかを考察することは、非常に重要な研究テーマと言えよう。しかしそれは、「史実の物語化」の解明であって、赤穂事件の史実そのものの探求とは異なるのである。

## 武士の理解の難しさ

そもそも武士は、現代人にとって最も理解しがたい存在である。武士のイメージは時代によっても異なるし、階層によっても違いがある。たとえば、将軍や大名と下級武士とでは、同じ武士であるとは言ってもその違いは顕著である。そして多くの日本人は、時代小説や映画・ドラマ、あるいは歌舞伎や文楽《ぶんらく》などの影響を受けながら、武士のイメージを形作ってきた。「忠臣蔵」は武士のイメージ形成に大きく寄与しただけではなく、日本文化における武士道精神やサムライ魂を強調するときの格好の材料であった。さらに日露戦争から第二次世界大戦期にかけて、その「忠義の精神」が国家イデオロギーに利用されてきた側面も持っている。それだけに、赤穂浪士も含め江戸時代の武士の実像にどれだけ近づけるかは、これまでの偏見や先入観をどれだけそぎ落とせるかにかかっている。

## リアルタイムの感覚

本書では浅野内匠頭の殿中刃傷から討ち入り当日までの経過を分析する。ただし、討ち入りの成功を前提として人々の行動を考察する、予定調和的なスタンスはとっていない。私たちは明日何が起きるかわからないまま、今日という日を生きている。最初から、浪士たちの行動をすべて討ち入りと関連づけて理解したり、「本当は討ち入りを考えていた」などと説明するのは、討ち入りの成功を念頭に置いた発想である。

事件にかかわる人々の行動や考えをリアルタイム感覚で理解するためには、当事者あるいは彼らに近い人が、その時々に書き記した史料を使うことが望ましい。そこで殿中刃傷については、事件関係者たちが残した記録を使い、赤穂城明け渡しについては忍びの報告や引き継ぎ書類なども利用し、離散以後の赤穂浪士の動向については彼らの書状を読み解く方法をとっている。書状の多くは、討ち入り参加者が他の浪士や友人・家族との間で交わしたもので、特に親しい人への書状には彼らの本音が書かれている。

したがって実録物《じつろくもの》は一切利用しなかった。実録物には史実と物語とが入り交じっており、一次史料にもとづく部分が多いものもあれば、実録と銘打ってはいるものの、ほとんどが物語の場合もある。史実がどのように物語化されていったのか、という視点で実録物を分析することは意義ある研究だが、ここではあくまでも実像に迫ることを目的としているので、物語的要素はできる限り排除するようつとめた。

## 本書の特徴

以上のような立場から、本書では次の三点に留意しながら赤穂事件を考察したい。第一に実力行使に対する近世国家の姿勢を明らかにした上で、殿中刃傷と吉良邸討ち入りを理解することである。内匠頭が切りつけた原因については議論が多いが、内匠頭の刃傷に対する幕府の裁定を、当時の政治的状況をふまえて検討する必要がある。また討ち入りは、集団で他人の屋敷を襲撃しその家の主人や家臣を殺害したのであるから、現代的感覚からすればテロ行為とも言える。浪士たちが討ち入りに至った経緯と、その主張を丁寧にみることで、「家」や主従関係についても考えたい。

第二に大名家が断絶するとはどういうことなのか、その具体像を江戸藩邸の収公や城の明け渡し、軍隊の在番などの分析から描くことである。領国の城は政庁《せいちょう》としての機能はもちろん、軍事的機能も兼ね備えていた。同様に、大名と主従関係を結ぶ家臣は、行政に携わる一方で軍隊構成員でもあった。元禄時代は平和な時代というイメージがあるが、ともすれば忘れがちになる軍事的側面に光を当てたい。

第三に討ち入りした四七人のみならず、彼らを応援した人々、あるいは途中で離脱した浪士、もともと盟約に加わらなかった浪士にも目を向け、家臣団全体の中で討ち入りに参加した人々の位置を明らかにすることである。討ち入りを当初から考えていたのは、浪士のうち数人にすぎず、討ち入りが決定したのは、内匠頭の切腹から一年四ヵ月以上経った元禄一五年（一七〇二）七月二八日であった。浪士には家庭の事情や考え方などに違いがあり、討ち入りした浪士だけを「義士」とみなすのは一面的な評価と言わざるを得ない。一部の討ち入り参加者は離脱者を厳しく批判したが、むしろ離脱者を臆病者と呼ぶことの背景にある、当時の武士社会のあり方や彼らの精神状態について考えたい。

なお本書で利用する書状は、堀部安兵衛が作成した「堀部武庸筆記《ほりべたけつねひっき》」と、赤穂市の市史編纂室による史料集『忠臣蔵』第三巻（一九八九年）に収録されているものである。

「堀部武庸筆記（上）（下）」は、討ち入り参加者の一人堀部安兵衛が記したもので、剣術の師堀内源左衛門の同門で朱子学者の細井広沢《ほそいこうたく》に、安兵衛が元禄一五年夏に預けた史料である。（上）は内匠頭の刃傷後の出来事、並びに安兵衛と大石内蔵助との書状の交換を、（下）は安兵衛と他の浪士たちとのやりとりを詳しく記している。安兵衛は受け取った書状とともに、相手に宛てて発信した書状の控えも書き留めているので、内蔵助をはじめとする浪士との間にどのような応酬《おうしゅう》があったのか、はっきりとわかる。安兵衛は江戸の動向も記しており、討ち入りを決定した京都円山《まるやま》会議に至る過程を知る上で、もっとも重要な史料である。

また『忠臣蔵』第三巻には、浪士の書状が約一五〇通収録されており、本書ではそのうち、討ち入り前日までの書状を分析の対象とする。

ただし煩雑さを避けるため、本文では前者からの引用は「堀部筆記」とのみ記し、後者からの引用については、書状作成者の氏名と書状番号を記すにとどめる。

# 松の廊下での刃傷

# 勅使下向と殿中刃傷

江戸城松の廊下での刃傷は、浅野内匠頭が勅使御馳走役《ちょくしごちそうやく》を命じられ、吉良上野介の指導を受ける立場に置かれたことに端を発していた。天皇が派遣する勅使は、将軍宣下《せんげ》や将軍家の慶弔などのために、臨時に江戸へ下向《げこう》するほか、将軍が天皇に派遣する年頭賀に対する答礼のため、毎年二月下旬から三月にかけて江戸を訪れるのが慣例になっていた。勅使として下向するのは、おおむね武家《ぶけ》伝奏《てんそう》（朝廷と幕府の間の意思疎通をはかるために朝廷内に置かれた役職で、定員二名）である。彼らは評定所《ひょうじょうしょ》の隣、辰之口のそばにある伝奏屋敷を宿所とした。伝奏屋敷は敷地三五三九坪、建坪約四〇〇坪で、居間・寝所・饗応《きょうおう》之間・風呂場などをそなえた屋敷三棟からなっていた。

**勅使下向と御馳走役の職務**

一関藩《いちのせきはん》田村家は仙台藩の支藩で、享保一六年（一七三一）を皮切りに嘉永二年（一八四九）に至るまで、歴代藩主が七回にわたって勅使饗応にあたっており、一関藩士沼田家には嘉永二年の際の「勅使御馳走日記」が残されている。このときは、儀礼を終えた勅使が京都へ向かったのは三月七日だったから、元禄一四年よりは式次第が早いが、御馳走役の拝命から勅使が江戸を去るまで、どのような段取りで仕事を進めていたのかを知るには参考になるだろう。

一二月二四日に老中から勅使御馳走役を拝命した田村氏は、すぐに高家肝煎《こうけきもいり》ほか関係各所へ就任の挨拶をし、前年に御馳走役をつとめた堀丹後守へ帳面などの借用を願っている。一月に入ると、料理人の手配や伝奏屋敷での打ち合わせがはじまる。一月二八日、田村氏は勅使一行の陣容を知らされ、三八ヵ条に及ぶ伺書《うかがいしょ》を提出した。その内容は、勅使の御馳走所到着を老中《ろうじゅう》や若年寄《わかどしより》に知らせるのか、毎日長袴《ながばかま》を着用すべきか、勅使登城の際どこで下乗するか、登城時には玄関からどこまで勅使のあとにつけばいいかなど、微に入り細をうかがったものである。二月になると、伝奏屋敷の掃除や道具類の受け取り、武器の搬入、勅使を迎える家臣心得の申し渡しなど、具体的に仕事が進められ、儀礼の当日を迎える運びとなる。

右は幕末の例だが、内匠頭も勅使を出迎える際の並び方から服装に至るまで、細々《こまごま》としたことに気を配っていたことだろう。御馳走役は藩財政に経済的負担を与えるばかりでなく、精神的にも非常に緊張を強いるものだったと考えられる。

## 吉良家の系譜と職務

幕府と朝廷間の典礼をつかさどることを職務としたのが高家《こうけ》である。高家見習を経て高家に就任すると、従五位下侍従《じじゅう》に叙任される。上野介は従四位上少将《しょうしょう》まですすんでいるから、禄高《ろくだか》は四二〇〇石であっても、従四位下侍従の老中より官位は高かった。ちなみに高家の職掌は、①勅使・院使や公家衆、日光門跡《もんぜき》など宮門跡、法親王《ほっしんのう》などのもてなし、②御馳走役の大名の指揮や、習礼《しゅうらい》（儀式などの予行練習）の指導、③朝廷の重要儀式への参列、④伊勢神宮・日光東照宮・その他への代参、⑤将軍による江戸城中の諸儀式や社寺参詣の際の簾《みす》・太刀《たち》・沓《くつ》などの役、⑥年賀登城の諸大名に将軍のお流れの盃を与える時の給仕、⑦朝鮮通信使の接応など、多岐にわたっていた。

吉良家は室町時代以来の名家で、義弥《よしみつ》の代から高家職に登用された。義弥の孫である上野介は、承応二年（一六五三）四代将軍家綱《いえつな》に拝謁《はいえつ》し、明暦三年（一六五七）には従四位下侍従に叙任され、上野介と名をあらためた。寛文三年（一六六三）には霊元《れいげん》天皇の践祚《せんそ》の賀使として上洛し、従四位上に昇る。寛文八年、父義冬が死去したため跡を継いだ上野介は、延宝八年（一六八〇）に綱吉《つなよし》の将軍宣下により上洛、同年少将にすすんでいる。上野介は茶道を千宗旦《せんのそうたん》に学んだ茶人で、山田宗徧《やまだそうへん》と同門で親交もあった。

上野介の室は上杉定勝の女《むすめ》富子である。富子の兄綱勝が、子のないまま二七歳で急逝したため、上野介と富子の長子三之助（綱憲《つなのり》）が上杉家の跡目相続《あとめそうぞく》をすることになった。上野介の長女は上杉家の養女となった上で、薩摩藩の島津綱貴に、二女は弘前藩の津軽政兕《まさたけ》に、三女は権大納言正二位の大炊御門経音《おおいみかどつねなり》に嫁いだ。ところが、吉良家の跡継ぎとなるべき三郎が夭折《ようせつ》する。そこで、綱憲と紀州徳川家から嫁した栄姫との間に生まれた義周《よしちか》を、吉良家の養子とした。こうして上杉家と吉良家のつながりは深まったのである。

## 内匠頭の殿中刃傷

元禄一四年（一七〇一）、上野介はいつものように元旦から江戸城で行われる年頭の儀礼をとりしきったあと、将軍の使者として上洛し年始の挨拶をした。吉良家は祖父から三代にわたって幕府年賀使を果たしている。上野介は正月一一日に江戸を出発し、二八日に参内した。京都から江戸へ帰ってきたのは二月二九日のことである。

その答礼として三月に派遣されたのが、東山《ひがしやま》天皇の勅使柳原資廉《すけかど》・高野保春《たかのやすはる》と霊元上皇の院使清閑寺熙定《せいかんじひろさだ》である。一行は三月一一日に伝奏屋敷に到着し、一二日に登城、天皇・上皇からの挨拶を将軍綱吉に伝え、一三日には江戸城で能を楽しんだ。一四日は儀礼の最終日で、将軍が両使に白書院《しろしょいん》――公的な行事に用いられる場所で、上段・下段・連歌《れんが》之間・帝鑑《ていかん》之間などからなり、その広さは三〇〇畳近くに及ぶ——で勅答する予定であった。

内匠頭は、常陸国笠間から赤穂へ入封した祖父浅野長直、父浅野長友に継いで、延宝三年（一六七五）三代目の赤穂藩藩主となり、五万石の領地を支配し国政にあたっていた。天和三年（一六八三）に勅使御馳走役を務めた経験があり、元禄一四年は二度目の御馳走役を担当したことになる。ときに内匠頭は三五歳。この役に任ぜられるのは柳の間詰めの家格を持つ石高三～一〇万石の大名である。幕府に対する奉公の一環として位置づけられ、接待費は大名の負担であった。

三月一四日の四つ半時（午前一一時頃）、内匠頭は松の廊下で突然上野介に切りかかった。将軍が勅使へ答礼する予定だった白書院に入る手前の、松の廊下で刃傷が起きて畳が血で

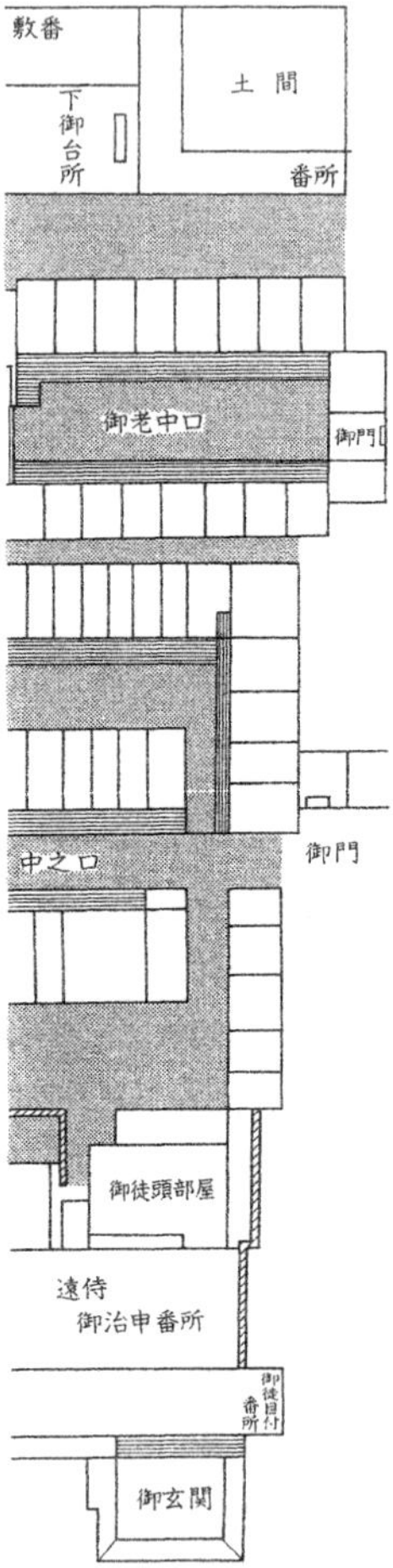


県赤穂市，1989年より）

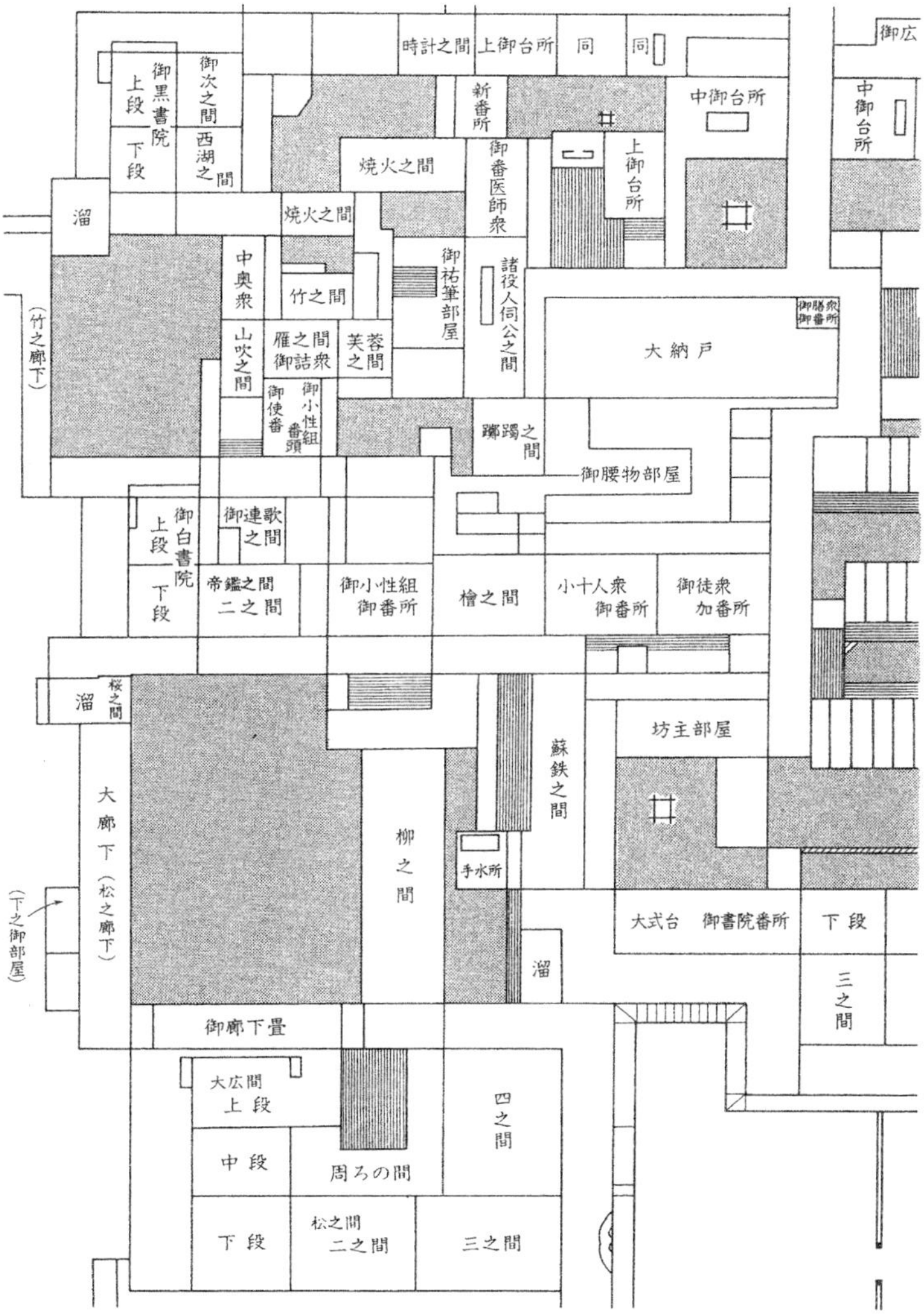


図2　江戸城本丸御殿松之廊下付近図（『忠臣蔵』第1巻，兵庫

穢れたため、儀式は急遽《きゆうきよ》、日常的な行事に使用される黒書院《くろしよいん》――上段・下段・西湖之間・溜《たまり》之間などからなる、約一九〇畳の部屋――に変更された。

内匠頭は大奥御留守居番梶川与惣兵衛《かじかわよそべえ》に抱き留められたため、上野介を負傷させるにとどまった。そのときの様子は、梶川が残した「梶川氏日記」に描かれている。野口武彦氏によれば、東大史料編纂所写本では、内匠頭が上野介の背後から、突然「この間の遺恨《いこん》覚えたるか」と言って切りかけたとしているのに、南葵文庫本（東大図書館所蔵）では、「声をかけた」としか書かれていないという。内匠頭が「この間の遺恨覚えたるか」と言って切りつけたかどうかは、実ははっきりしていないのである。

## 内匠頭の性格

上野介を治療した金瘡《きんそう》外科医の栗崎道有《くりさきどうゆう》は「栗崎道有記録」で、「我慢できないことでもあったのか、内匠頭は普段から短気な人間だったというが、上野介を見つけて小さ刀で抜き打ちに眉間《みけん》へ切りつけた」と述べている。さらに、内匠頭と上野介の人間関係はかねてからよくなかったとも記している。上野介が高家で年齢的にも上であるのに対して、内匠頭はまだ若く、公家衆との交際にも慣れていないため、上野介を頼りにしているが、上野介の方はどこか堅苦しく、内匠頭は兼ねてから含むところがあったらしいというのである。以上から、人間関係がよくなかったことは想像されるが、そのような事態に至った経緯については、はっきりしない。

ちなみに『土芥寇讎記《どかいこうしゅうき》』――元禄三年時点での全国諸大名二四三人について、家系・略歴・居城・人柄などを摘録し、「謳歌評説」と称する編者の批評を加えたもの（ただし編者は不明）――には、内匠頭に関して次のような記事がみられる。

内匠頭は智のある利発な人物で、家臣の統制もよく領民も豊かである。しかし女好きが激しく、内匠頭好みの女性をみつけてきた者が立身出世し、女性の血縁者も禄をむさぼる状態にある。昼夜を問わず女色に耽《ふけ》っており、政治は家老に任せたままである。

さらに「女色の問題をあげたのは、国が傾き家が滅亡する徴候だからである」とし、「家老の仕置きも心許《こころもと》なく、若年の主君が色にふけるのを諫《いさ》めないような、不忠の臣による政治は覚束《おぼつか》ない」と述べ、大石内蔵助と藤井又左衛門の二人の家老をあげている。「仮名手本忠臣蔵」で上野介が女好きとされているのとは対照的に、内匠頭が女色に溺れる人物として述べられ、討ち入りに成功して「忠臣」と騒がれることになる内蔵助が、「不忠の臣」と評価されているのは、なんとも皮肉な話である。また元禄一四年春に作成された『諫懲後正』は、「内匠頭は武道を好むが文道を学ばず、智恵もなく短慮の人物だが、職務を怠らず不行跡なところはない」としている。どちらの記述も真偽は不明である。

# 幕府の裁定とその政治的背景

## 幕府の裁定と内匠頭の切腹

内匠頭と上野介の双方から事情を聞いた目付《めつけ》四人は、老中《ろうじゅう》に内容を報告し、老中から側用人《そばようにん》柳沢保明《やすあきら》（後に吉保《よしやす》）に事の次第が伝えられた。

幕府は内匠頭に対して次のように申し渡した。

吉良上野介に意趣があるという理由で、将軍が勅使を迎える儀礼が行われている最中に、殿中であることも憚《はばか》らず、「理不尽」に上野介へ切りつけたのは「重々不届《ふとどき》至《し》極《ごく》」であるので、切腹を申しつける。

一方、幕府は上野介を「お構いなし」とし、手傷の養生をするように申しつけた。

内匠頭はその日のうちに、一関藩田村建顕《たけあき》の屋敷《やしき》に引き取られた。不浄門である平川門を出て、錠をかけた駕籠《かご》に乗せられた内匠頭が、愛宕《あたご》下にある田村邸に到着したのは、夕方の四時ごろだったという。

このとき、内匠頭の家臣の一人、用人《ようにん》の片岡源五右衛門が主従の暇乞《いとまご》いに田村邸を訪れ、目付の多門伝八郎《おかどでんぱちろう》がそれを許可したこと、内匠頭が辞世の句として、「風さそふ花よりもなほ我はまた春の名残《なごり》をいかにとかせん」と詠んだことは、よく知られている。ところがこのような話はいずれも、元禄一五年の初めごろに書かれたと推定される「多門伝八郎覚書」にだけ記されており、真偽のほどは定かではないという（『忠臣蔵』第一巻）。

## 幕府と朝廷の政治的関係

赤穂藩の家臣の中には、内匠頭が切腹・御家断絶を言い渡されたのに、負傷した上野介が「お構いなし」と裁定されたのは、「片落ち」であり納得できないとする意見があった。そこで、幕府の裁定について考察したい。ただしその前に、この刃傷がどのような政治的環境のもとで生じたのか、当時の東アジア世界の状況と朝幕関係、幕府の統治方針について、簡単に触れておく。

赤穂事件が起きたとき将軍職にあった五代将軍綱吉は家光の四男で、上州館林《たてばやし》城主から徳川宗家《とくがわそうけ》を継ぎ、その治世は延宝八年（一六八〇）から宝永六年（一七〇九）の逝去まで、三〇年近くに及ぶ。幕府と朝廷の関係はこの時期、朝幕協調へ転換していくと言われている。開幕当初、家康は自分の意向に沿った天皇の代替りを要求し、家康の推挙のない武家官位叙任を禁止した。天皇・朝廷が独自の権力を持ち、大名と直接結びつくことを防ごうとしたのである。大坂の陣の後、「禁中《きんちゅう》並《ならびに》公家《くげ》諸法度《しょはっと》」によって天皇・公家に対する規定を定め、さらに幕府は寛永四年（一六二七）に起きた紫衣《しえ》事件で、幕府の許可なく天皇が僧侶に紫衣を下賜することを禁止した。二年後に、後水尾《ごみずのお》天皇が突然譲位して、朝廷に対する幕府の圧力に対抗しようとしたのは、幕府がこのような朝廷政策を実施したためである。

四代将軍家綱の頃に日本国内では政治体制が整ったが、中国では一六四四年、二七〇年余り続いた明《みん》が滅亡した。中国南部に樹立された南明《なんみん》政権は清《しん》に抵抗し、鄭成功《ていせいこう》（国姓《こくせん》爺《や》）は日本に援軍と武具の支援を求めた。正保二年（一六四五）以降、明を復興させるための援軍要請が何度もあったが、幕府はこれを断った。一六六二年鄭成功が没し、一六七三年には「滅清復明」をかかげた三藩《さんぱん》の乱が起きている。清朝軍は一六八三年に台湾も領有した。五代将軍綱吉が将軍職についたのは延宝八年（一六八〇）、国際的な緊張関係がようやく落ち着いて、東アジア世界の秩序が安定しつつある時期であった。幕府は朝廷統制の枠組みのもとで朝廷儀礼を復興させ、天皇・朝廷の権威を将軍権力に協調させる方針をとるようになる。

貞享四年（一六八七）、東山天皇の即位にともない大嘗祭《だいじょうさい》が再興されたのは、その典型と言えよう。大嘗祭は天皇の即位儀礼の一つだが、文正元年（一四六六）以来、二〇〇年以上にわたって中断していた。それを幕府は再興したのである。ただし賀茂川《かもがわ》で潔斎《けっさい》する天皇の禊行幸《みそぎぎょうこう》は禁止とし、経費は幕府が下行《げぎょう》した資金の範囲内でまかなうなどの条件があった。元禄七年（一六九四）には、賀茂の葵《あおいまつ》祭りを一九二年ぶりに再興している。その他、荒廃した山稜《さんりょう》の修理や禁裏御料《きんりごりょう》の増献を行うなど、幕府の対朝廷政策は方向転換したのである。

## 生類憐み令と礼秩序の重視

綱吉は生類憐《しょうるいあわれ》み令を発布し、仏教や儒学への関心を深め、忠孝道徳や礼儀を重視するなど、新たな動きもみせた。

生類憐み令は、貞享四年（一六八七）犬に限らず生類を憐むよう命じた法令で、綱吉が「犬公方《いぬくぼう》」と言われた所以《ゆえん》である。元禄八〜九年（一六九五〜九六）にかけて江戸で大規模な犬小屋が設置され、捨て犬・犬殺しに対して厳罰が科された。一般に生類憐み令は犬の愛護令として有名だが、実際には捨子・捨牛馬禁令の方が厳しく、全国への周知徹底がはかられたという。捨て子がみつかった町では、引き取り手がみつかるまで町の責任で捨て子を養育すること、重病の牛馬を遺棄しないこと、行き倒れ人などの世話をすることなどが命じられている。

生類を憐む精神から、綱吉はその治世の間に一度も鷹狩を行っていない。綱吉は軍事演習を兼ねた鷹狩に代わって、寺社参詣や大名屋敷への「御成《おなり》」を行っていた。たとえば、元禄一〇年（一六九七）に綱吉は三五回外出しているが、そのうち城内の紅葉山《もみじやま》にある東照宮《とうしょうぐう》や二代将軍秀忠以下の廟《びょう》に参詣したのが八回、歴代将軍の菩提所《ぼだいしょ》である寛永寺《かんえいじ》・増上寺《ぞうじょうじ》に参詣したのが五回ある。これらは、徳川家の当主として、あるいは将軍として、先祖の菩提を弔う公的な行事と言えよう。護持院《ごじいん》などその他の寺院に八回参詣しているのは、綱吉ならではの行動と思われる。

綱吉は学問、特に儒学《じゅがく》への関心が高かった。すでに一七世紀前半から、朱子学《しゅしがく》の基本図書の解釈書などが刊行されていたが、儒学は必ずしも近世初頭から影響力を持つ学問というわけではなかった。林羅山《はやしらざん》は将軍家の侍講《じこう》だったが、道春《どうしゅん》という僧号《そうごう》に改めさせられたり「民部卿法印《みんぶきょうほういん》」の称号を与えられたりするなど、儒者としての地位を確立できなかった。綱吉の時代になってはじめて儒者は僧形《そうぎょう》から解放され、羅山の孫林鳳岡《はやしほうこう》が大学頭《だいがくのかみ》に任官する。さらに綱吉は、羅山が上野忍ヶ岡《しのぶがおか》に建てた学問所と聖堂を、元禄四年（一六九一）に湯島昌平坂《ゆしましょうへいざか》に移して林家当主に主宰させた。

綱吉はまた、忠孝道徳を奨励し礼を重視した。天和三年（一六八三）に発布された武家諸法度は、第一条の文言が「文武弓馬の道、専ら相嗜《たしな》むべき事」から「文武忠孝を励し、礼儀を正すべき事」へ変更された。「弓馬の道」に代表される武道よりも、忠（主君への忠義）・孝（父祖への孝行）・礼儀による秩序を重んじるよう求めたのである。

以上のような綱吉政権の政治姿勢をみるとき、勅使を迎える重要な儀礼の当日、勅使御馳走役の者が殿中で刃傷に及び、格下の黒書院に儀礼の場を変更しなければならない事態をもたらしたことが、どれほど重大な事柄であったかはよく理解できよう。

# 幕府の裁定は「片落ち」か

時代的背景と殿中刃傷の持つ重みを理解したところで、幕府の裁定がどのような論理で組み立てられているのか検討しよう。「片落ち」批判は、上野介が生きているのに内匠頭が切腹するのは、喧嘩両成敗《けんかりょうせいばい》法《ほう》に反するという考え方にもとづいていた。

## 上野介のイメージと刃傷の理由

江戸時代においては、喧嘩口論から刃傷に及んで一方が死亡した場合、他方は死罪となるのが原則であった。現代人の目には、喧嘩で人を殺害した者が死刑を言い渡されるのは、過酷に映るかもしれない。しかし、当時の武士は刀や脇指《わきざし》を携帯しており、些細な事柄から生じた喧嘩口論であっても、容易に武器を使用して殺人事件に発展することがしばしばであった。双方の親類縁者や傍輩知音などが荷担すれば、紛争はさらに拡大した。そのため、当座の喧嘩も厳しく禁止されたのである。

内匠頭の刃傷について言えば、松の廊下で内匠頭と上野介が口論した末に、内匠頭が切りかけたのであれば、上野介も喧嘩口論禁止の法に抵触するため、同罪が科されるはずである。しかし、二人の間に口論や喧嘩が起きていないのに、内匠頭が一方的に切りつけて、上野介がそれに応戦しなかったのであれば、内匠頭だけが処罰されるであろう。ただし、内匠頭が遺恨から切り付け、吟味《ぎんみ》の結果、遺恨を抱くのが当然だと思われるような事を上野介がしたと判断された場合には、内匠頭だけが切り付けたとしても、上野介に何らかの処罰が下されることになる。つまり、どのような理由から内匠頭が刃傷に及んだのかによって、上野介の処分は異なるのである。

一般に、上野介は吝嗇家《りんしょくか》で賄賂《わいろ》を喜んで受け取る人物であったと考えられている。これは討ち入りが成功してまもなく、室鳩巣《むろきゅうそう》が「赤穂義人録」で述べたことで、以後の実録物などもこの賄賂説を採用しているものが多い。つまり、賄賂を渡さなかった内匠頭が上野介から嫌がらせを受け、それを恨みに思って刃傷に及んだのだから、上野介も処罰を受けて然るべきだというのである。

あるいは、「仮名手本忠臣蔵」で内匠頭が「塩冶《えんや》判官」と名付けられているように、塩田技術をめぐる確執があったとする説もあるが、一七世紀後半、赤穂の塩田技術は瀬戸内各地に伝播していたらしい。また、内匠頭の母方の叔父内藤忠勝が、延宝八年（一六八〇）に増上寺で営まれた家綱の法事で、「乱心《らんしん》」（今でいう心神喪失）により永井尚長を刺し殺していることから、内匠頭の持病を唱える向きもある。そこで幕府目付による二人の吟味をみよう。

## 幕府目付による吟味

内匠頭を抱き留めた梶川与惣兵衛は、若年寄の加藤明英に呼ばれ、老中四人、若年寄四人、大目付の前で、刃傷について質問された。上野介が刀に手をかけたかどうか、お互いに刀を抜き合ったかどうかを問われ、上野介は刀に手をかけなかったと答えている。

次に目付の多門伝八郎と近藤平八郎が、内匠頭の事情聴取をするよう命じられた。「多門伝八郎覚書」によれば、多門が内匠頭に、場所柄をわきまえず上野介へ刃傷に及んだのはどのような理由によるのか問うたところ、内匠頭は一言の申し開きもないとした上で次のように述べたという。

私的な遺恨から前後も考えず、上野介を打ち果たそうとして刃傷に及んだ。どのような処罰を仰せつけられても異議を唱える筋はない。しかし、上野介を打ち損じたことは残念である。

一方、上野介には久留十左衛門と大久保権左衛門が次のように質問している。

内匠頭は遺恨から刃傷に及んだということなので、子細を糺《ただ》すよう命じられた。どのような恨みがあって、内匠頭が場所柄もわきまえずに刃傷に及んだのか、さだめし覚えがあろう。正直に申し立てよ。

上野介は「恨みをうける覚えはなく、内匠頭は乱心したと思う。老体の身でもあり、恨みを買うようなことを言った覚えもない」と返答した。また「梶川氏日記」も、切りかけた内匠頭を大広間の後ろの方へ大勢で連れて行った際、内匠頭が「この間の遺恨から切りつけた」と繰り返し述べたと記している。これらの史料によるかぎり、内匠頭が遺恨を抱いていたことは確かだが、その具体的内容は不明のままであった。

それでは、上野介が言及したように「乱心」の可能性はあったのだろうか。これについて多門は、「梶川与惣兵衛に組み留められた内匠頭は神妙にしており、『私は乱心したわけではありません。抱き留めるのはわかりますが、もう放してください』と述べた」と記している。内匠頭自身が「乱心」ではないと認めているのである。

**喧嘩両成敗法が適用される行為とは**

以上のことから、この刃傷の性格を考えてみよう。第一に、内匠頭は自身で否定しているように、「乱心」から上野介に切りつけたわけではなかった。幕府は当初、内匠頭が「乱心」したと思い、上野介の治療のために医師の栗崎道有を呼んだが、「乱心」でなかったことが判明した時点で、治療を続行するかどうかの判断を上野介にゆだね、治療費は上野介の自己負担になっている。

第二に、内匠頭に切り付けられた上野介は、刀に手をかけなかったばかりか、素手で手向かいすることもなくその場から逃げようとした。幕府が最初に確認したのもその点である。つまり、内匠頭が一方的に切りつけたのであって、二人の間に当座の喧嘩口論はなかった。この刃傷は、喧嘩両成敗法が適用される類の実力行使ではないということになる。

第三は、内匠頭が上野介に切りつけた「遺恨」の問題である。近世の身分制社会において、武士と他身分を分かつメルクマールの一つは、名誉の観念である。武士は、公然の場で罵詈雑言を浴びせられるなどして名誉が侵害された場合、汚された名誉を挽回するため、相手に切りつけることは余儀ないとされていた。したがって、朝幕の重要な儀礼がとり行われる殿中において暴力行為に及んだ以上、内匠頭の切腹・御家断絶は免れないとしても、内匠頭が抱いた遺恨の内容によっては、上野介に何らかの処罰が下る可能性もあったのである。しかし、内匠頭は目付の事情聴取に対し、遺恨の具体的内容をまったく述べなかった。そのため、刃傷に及ぶのも無理はないと判断するような不名誉な言動や行為を、内匠頭が上野介から受けたかどうかは立証できない。

幕府が①吉良上野介に意趣があるという理由で、②時と場所をわきまえず、③「理不尽」に上野介へ切りつけた、という認識に立って、内匠頭に切腹を申しつけたのは、以上のような考え方にもとづいてのことであった。

なぜ内匠頭が具体的に遺恨の内容を述べなかったのかはわからない。遺恨があるとしても、儀礼が終了して御馳走役の責務を果たしてから、刃傷に及ばなかったのはなぜか、という疑問もある。また、確実に相手を殺害しようとすれば突くのが常識なのに、なぜ袈裟《けさ》がけに切り付けたのかも不明である。

実は幕府が内々に遺恨の内容を調査し、刃傷に及ぶほどではないと判断したとか、幕府は内匠頭が刃傷に及んだのは当然だと認めながらも、高家肝煎の吉良家に気を遣ったなど、と、推理できなくもない。しかし、浅野家の家臣が刃傷の原因にまったく言及していないこと、遺恨の理由がさまざまに憶測されていることからみても、遺恨の内容は当時から不明だったというのが史実であろう。

## 殿中刃傷の先例

次に、内匠頭の刃傷を先例から考えてみたい。表1は、赤穂事件以前に殿中で起きた刃傷をまとめたものである。「営中刃傷記」は寛政七年（一七九五）に作成された史料だが、『徳川実紀』はこれと記述を異にするところがある。たとえば、寛永四年（一六二七）の事件では楢村の兄も改易《かいえき》されたとあるし、寛永五年の事件では豊島とその子は共に切腹したとある。つまり、切り付けた方の家が断絶するだけでなく、子や兄も切腹や改易を申し渡されたとみえるのである。

三田村鳶魚《みたむらえんぎょ》氏によれば、殿中刃傷で理由が明確なものは一つもないという。たとえば貞享元年（一六八四）に若年寄稲葉正休《まさやす》が大老堀田正俊を殺害したのは、稲葉がたずさわっていた淀川《よどがわ》の改修工事を財政上の都合で幕府が停止したため、「一分《いちぶん》がすたる」というので堀田に話したのに、聞き入れられなかったためであるとされている。

このように殿中刃傷には不明瞭な点が多い。それでも、表からいくつかのことが読みとれる。まず気づくのは、寛永四年の一件は「口論」から刃傷が起きたが、切りかけられた傷が平癒した鈴木久右衛門も、御家断絶になっていることである。つまり口論＝喧嘩に及んだため、鈴木・木造ともに家の断絶を言い渡されたと考えられる。一方、原因不明とされた寛永五年と貞享元年の事件では、切られた者は死亡しており、通常の殺人行為とみなされ

| 裁定結果 |
|---|
| 口論でAがBとCを負傷させる<br>Aは永井信濃守宅で切腹<br>Bは手傷深く生死不明→家断絶<br>Cは手傷平癒→家断絶<br>Aを留めた曾我又左衛門(D)は200石加増<br>Aを留めた倉橋宗三郎(E)は死去し，子が跡式相続 |
| AがBを殺害(原因不明)し，小十人組青木久右衛門(C)がAを斬殺，Aは家断絶，Cは負傷して死亡 |
| AがBを殺害(原因不明)し，老中らがAを討ち取る，Aは家断絶，Bの遺領は3人の男子が相続 |

表1　殿中刃傷の先例

| 月日 | 刃傷場所 | 刃傷関係者の人名 | |
|---|---|---|---|
| 寛永4年(1627)11月6日 | 西の丸 | 小姓楢村孫九郎(A) | 木造三郎左衛門(B)<br>鈴木久右衛門(C) |
| 寛永5年(1628)8月10日 | 西の丸<br>[本丸] | 目付豊島信庸(A) | 老中井上正就(B) |
| 貞享元年(1684)8月28日 | 本　丸 | 若年寄稲葉正休(A) | 大老堀田正俊(B) |

「営中刃傷記」『新燕石十種』第2巻（広谷図書刊行会，1927年）より作成．

て、殺害した者の家だけが断絶になっている。

なお、三件の事例はいずれも殿中で起きたとはいえ、勅使饗応というような幕政上重要な儀礼が行われている時ではない。時代的背景、法的論理のいずれから考えても、殿中で切りかけた内匠頭の行為は、「理不尽」な暴力行為と解釈されたのである。

## 鬱憤の書付

赤穂藩士たちも、内匠頭は「不慮《ふりょ》不《ぶ》調《ちょう》法《ほう》の儀」につき切腹・城地召し上げを命じられたと理解していた。しかし家臣の中には、この処罰は上野介の死亡を前提としてのことだと考える者がいた。家老大石内蔵助は多川九左衛門と月岡次右衛門を江戸へ派遣し、家中《かちゅう》の存念を記した「鬱憤《うっぷん》の書付」を、城明け渡しに立ち合う幕府の荒木政羽《まさは》と榊原政殊《まさよし》に渡そうとする。しかし二人はこの書付を、すでに江戸を出発していた荒木・榊原両名に渡せず、内匠頭の従兄で大垣《おおがき》藩主の戸田氏定にみせた。大垣藩が作成した「播州赤穂一巻覚書」によると、書付には次のように書かれていた。

家中の者どもは無骨《ぶこつ》者で一筋に主人一人を思っており、相手が存命であることを知って赤穂を離散するのを嘆《なげ》いております。年寄や頭の者が配下の者を諭《さと》しても納得せず、もはや宥《なだ》めがたい状態です。上野介様の処罰を願い出るわけではありませんが、お二人の力で家中が納得できる筋を立てていただければありがたいのです。赤穂に到着されてから言上するのでは、城の受け取りに支障がでるので、只今申し上げます。

右の書付では、相手の生死にかかわらず殿中で刀を抜くこと自体が、暴力として処罰の対象になるとは考えられていない。上野介が存命であることと内匠頭の切腹・御家断絶とを両天秤にかけて、異議申し立てをしている。ただしその際、内匠頭が喧嘩で相手に切り付けたと述べていないことは注目に値する。彼らも内匠頭の刃傷が喧嘩ではないと考えていたからこそ、両成敗を求めるという形で訴えられなかったのではないだろうか。

それでは切り付けられた上野介は、応戦すべきだったのだろうか。儒者の佐藤直方《さとうなおかた》はのちに、上野介を討ち留められなかった内匠頭のふがいなさを批判すると同時に、切り返さなかった上野介も批判している。

## 喧嘩と武士道

喧嘩で一方が死亡した場合に他方も死罪となるという原則は、江戸時代を通じて変化することはなかった。ただし、喧嘩両成敗法の対象となったのは、些細なことが原因で生じた「当座の喧嘩」であり、その目的は武士が容易に実力行使に及ぶのを禁止するところにあった。売られた喧嘩を買わないと武士の名がすたる、と考える向きもあろうが、実際の喧嘩を調べてみると、そのほとんどは名誉をかけた実力行使ではなく、回避できる類の紛争である。とりわけ殿中の場合、刀を抜くことは厳禁されていた。これは将軍居城たる江戸城のみならず、諸藩の大名居城でも同じである。殿中刃傷が禁止されていることは周知の事実であり、幕府が内匠頭に切り返さなかった上野介を「殊勝《しゅしょう》」としたのは、幕府の政策とその法の考え方を反映したものであった。

武士道論として有名な『葉隠《はがくれ》』でも、たわいのない相手の悪口雑言を、機転のきいた一言でうまくかわしたり、名誉侵害にならないよう、周囲の者が双方の間をうまく仲裁したりして、無用な喧嘩に至らないようにするのが武士の心得である、と山本常朝は述べている。

# 赤穂城明け渡し

# 江戸藩邸と赤穂城の収公

勅使《ちょくし》の宿所であった伝奏屋敷《てんそうやしき》には赤穂藩士が詰めていたが、刃傷により内匠頭が御馳走役《ごちそうやく》からはずされたため、藩士たちもそこから引き払うよう赤穂藩士に命じた。幕府は目付などを伝奏屋敷に派遣し、代わりの御馳走役が到着したら退去することになる。

## 朱印状の返却

老中土屋政直の指示で、内匠頭の従弟戸田氏定《とだうじさだ》も伝奏屋敷に派遣され、新たな御馳走人下総《しもうさ》佐倉藩の戸田忠真《ただざね》が到着したのと引き替えに、赤穂藩士は上屋敷へ引きあげた。その後、氏定は内匠頭の叔父で分家の浅野長恒（旗本、三〇〇〇石）とともに土屋に呼ばれ、一類中の責任で騒動が起きないよう対処せよとの書付を渡されている。

氏定は、浅野家が将軍家から受け取った朱印状《しゅいんじょう》をどのように処理すればいいかなど、土屋へ何点か質問した。そして、①朱印状などは月番老中《つきばん》宅へ持参する、②元禄一〇年（一六九七）に国絵図の作成が命じられた際、作成を分担した地域の村名を記した村付け目録は、当時寺社奉行であった若年寄井上正岑《いのうえまさみね》に返却する、③城付武具以外の武具などは上納する必要がない、という回答を得た。

氏定は翌一八日、早速朱印状ほかを土屋宅へ届けている。浅野長政が慶長一一年（一六〇六）に常陸国真壁《まかべ》藩五万石を拝領したときの朱印状をはじめ、浅野長重が笠間《かさま》藩五万三五〇〇石を拝領したときの朱印状、浅野長直が同じ石高で播磨国赤穂藩に転封《てんぽう》したときの朱印状、さらに内匠頭が五万石を拝領したときの朱印状などが返却された。江戸藩邸には、朱印状や判物《はんもつ》・知行目録《ちぎょうもくろく》などが保管されていたのである。

## 江戸藩邸の引き渡し

すでに内匠頭の室阿久里《あぐり》は、実家の三次《みよし》藩浅野長澄《ながずみ》（備後国、五万石）の下屋敷に引き取られていた。また上屋敷に詰めていた家臣たちは、一五日のうちにほとんど町屋の借家に引き払っていた。堀部安兵衛が実父の親友吉川茂兵衛に宛てた書状によると、上屋敷の表門は閉じられ、裏門から出入りするようになっていたが、深夜に町人四、五〇人が船に乗り裏の水門から邸内に忍び込んで、奉公人たちの道具を持ち出していた。それを知って現場に急行した安兵衛が彼らの狼藉《ろうぜき》を叱責したところ、姿を消したという（堀部安兵衛書状〈11〉）。

図3　「遠慮」人の系図

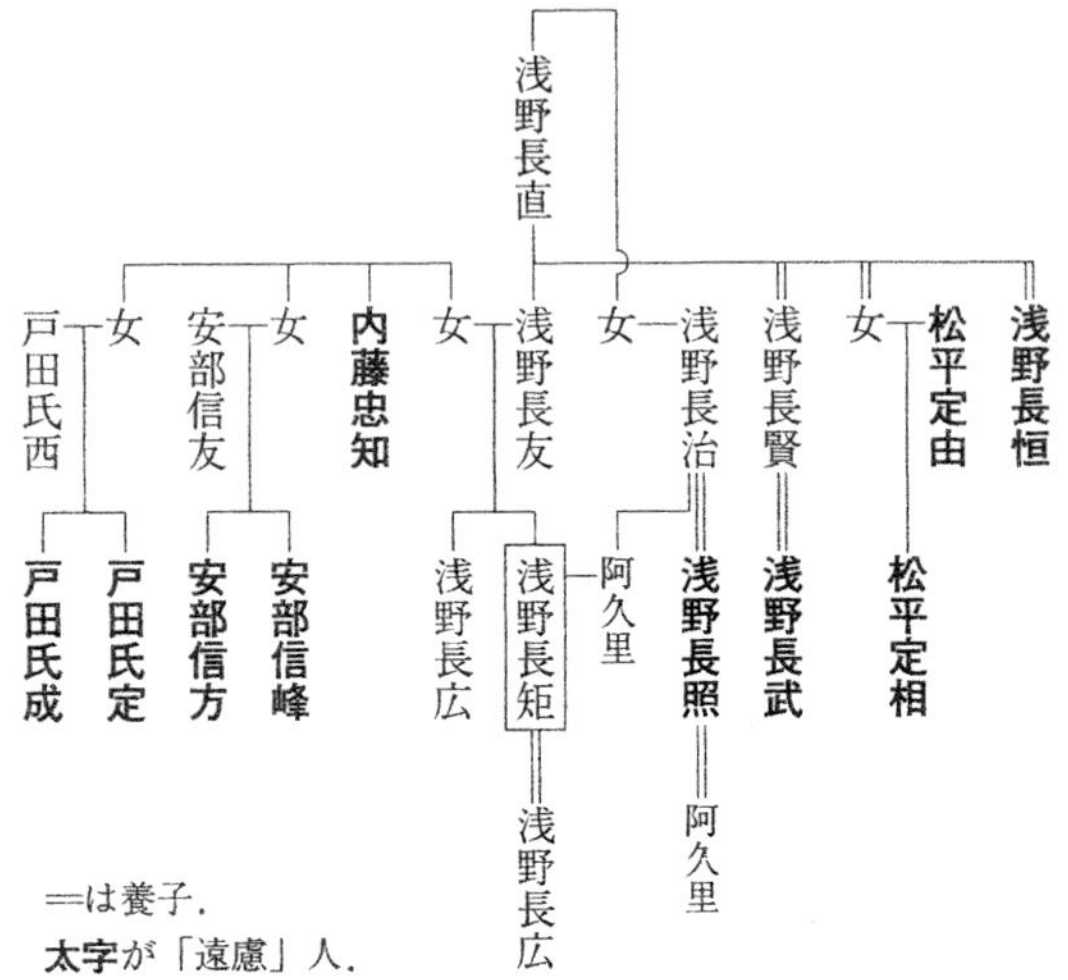


警備のため氏定は足軽二〇人のほか馬廻《うままわ》りの者を派遣し、一五日からは、本家の広島藩主松平綱長も人員を派遣して警固にあたった。こうして、一七日に鉄砲洲《てつぽうず》にある上屋敷、翌一八日に赤坂にある下屋敷、二二日に本所の下屋敷が相次いで引き渡され、赤穂藩が幕府から拝領していた江戸藩邸はすべて収公された。

**浅野家一類の「遠慮」**

内匠頭の弟で養嗣子の浅野大学長広（旗本、三〇〇〇石）は、三月一五日に「閉門《へいもん》」を仰せつけられたが、その前日、すなわち殿中刃傷当日の夜、内匠頭の親類に「遠慮《えんりょ》」（表門を閉じての籠居《ろうきょ》）が申し渡されていた。「遠慮」人は内匠頭の父方と母方、それに妻の親類からなる。父方は叔父浅野長恒（旗本、若狭野陣屋）、叔父浅野長賢《ながかた》の養子浅野長武《ながたけ》（旗本、家原陣

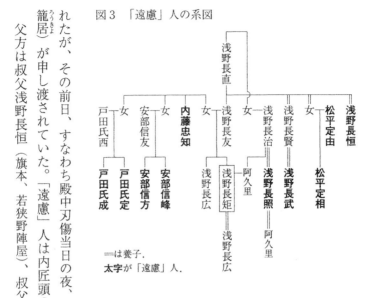

屋）、叔母の夫松平定由《まつだいらさだよし》（旗本）とその子松平定相《さだすけ》（旗本）、母方は叔父内藤忠知《ないとうただとも》（旗本）、伯母の子戸田氏定（美濃大垣藩主）・戸田氏成《うじしげ》（三河畑村藩主）兄弟、もう一人の伯母の子安部信峰《あべのぶみね》（武蔵岡部藩主）・安部信方《のぶかた》（旗本）兄弟で、父方・母方双方の四親等まで及んでいる。妻阿久里の実家三次藩の舅浅野長照《ながてる》も対象となった（浅野長治の娘阿久里は、長治の養子長照の養女になってから内匠頭に嫁いだので、長照は舅にあたる。『大石家外戚枝葉伝』）。「遠慮」は赤穂城明け渡し後、五月六日まで続き、御目見《おめみえ》差し控えが解除されたのは、残務整理がすべて終了し、内匠頭の百箇日法要も終わった六月二五日であった。

## 派遣された使者

幕府は一類中に「遠慮」を命じる一方で、赤穂の家臣たちが騒動を起こさないよう注意することも申し渡していた。本藩の広島藩をはじめとする親類大名は、滞りなく城を明け渡すよう、三月下旬から四月初旬にかけて赤穂へ使者を派遣している。広島藩の使者が三月二九日、三次藩の使者が四月一日、大垣藩の使者五人が一〇〇人を超える人数（このうち九八人は城の引き渡しまで滞留）で四月六日、広島藩の使者三人が九〇人近くの人数で四月九日（引き渡しを監視）、大垣藩の使者二人が四月一一日に赤穂に到着している。

一方、幕府が派遣した受城目付の荒木政羽《あらきまさは》と榊原政殊《さかきばらまさよし》が四月一六日、代官石原正氏・岡田俊陳《としのぶ》が四月一七日、受城使の脇坂安照《わきさかやすてる》（播磨国龍野《たつの》藩、五万三〇〇〇石）が四月一八日、同じく受城使の木下㕁定《きんさだ》（備中国足守《あしもり》藩、二万三〇〇〇石）が四月一九日に赤穂へ到着している。つまり、あらかじめ親類大名が使者を派遣して、滞りなく城を明け渡せるような状態にしておき、そこに幕府が派遣した人員がやってくるという順序で、城の明け渡しが行われたことになる。

脇坂は総勢四五五〇人を動員し、これに木下の軍勢が加わって城を受け取る手はずになっていた。大垣藩と広島藩の使者に同行した人員が二〇〇人近くに上るほか、岡山藩が国境近くの虫明《むしあげ》に六〇〇人を待機させ、高松藩も兵と船数百で赤穂沖を警戒し、徳島藩・丸亀《まるがめ》藩・松山藩・姫路藩・明石藩も兵や船を領境・海上に配置している（『忠臣蔵』第一巻）。城受け取りにあたって召集された軍勢が、いかに大規模なものであったか想像できる。

## 藩札の引き替え

三月一九日、最初の早使早水《はやみ》藤左衛門と萱野《かやの》三平が内匠頭の刃傷を、つづいて第二の早使原惣右衛門と大石瀬左衛門が内匠頭の切腹を知らせた。二一日には大学閉門の知らせが届く。赤穂藩はまず藩札《はんさつ》引き替えに着手した。

藩札は諸藩が独自に発行し、原則として自国内で流通する紙幣である。ただし兌換《だかん》紙幣なので、正金銀との引き替えを求められた際には応じなければならない。赤穂藩では六分の比率、つまり額面価格の六割の正金で藩札を引き替えた。近隣の商人も引き替えに訪れており、忍びの者が容易に領内へ入り込める状態だったというから、赤穂藩の藩札が周辺にも流通していたことがわかる。藩札の引き替え業務は、内匠頭の殿中刃傷を知らせる早使が赤穂に到着した翌日、三月二〇日から二八日まで行われた。

### 軍事的拠点としての城

諸藩の城下町にある藩主居城の城が、政務の中心であると同時に軍事的拠点としての性格も失っていなかったことは、城に附属した武具や武器があったことからもうかがえる。

城付き武具のほかは売り払ってよいとの許可がでたため、さまざまな武具・武器が売り払われた。岡山藩の忍びの者が書き付けたリストの中には、木綿製の火縄《ひなわ》が一〇〇〇筋、竹製の火縄が一万、戦場で使われる法螺貝《ほらがい》と太鼓がそれぞれ二つずつ、そのほか弓・鑓《やり》・刀・脇指などの武器、鞍《くら》・鐙《あぶみ》・轡《くつわ》などの馬具、具足《ぐそく》・笠・肩当てなどの武具がみえる。これらは四月一三日に「大坂たちや庄兵衛」という商人が落札した。

赤穂城の「城付武具帳」をみると、旧赤穂藩主池田輝興《いけだてるおき》が残した分も含めて鉄砲一五九挺、弓五〇張、長柄鑓一五〇本などが書き上げられており、一見すると武器の数が非常に少ないようにみえる。しかし、これは赤穂城に附属し、城付分として次の領主に受け継がれる武器のリストである。鉄砲は鉄砲足軽《あしがる》それぞれが預かっており、各自が自由に処理することになったため町方へ売った者もいる。戦時には、軍役負担を課された武士が弓・鑓・鉄砲を携帯した家来を供出することになっていたから、「城付武具帳」にみえる武器

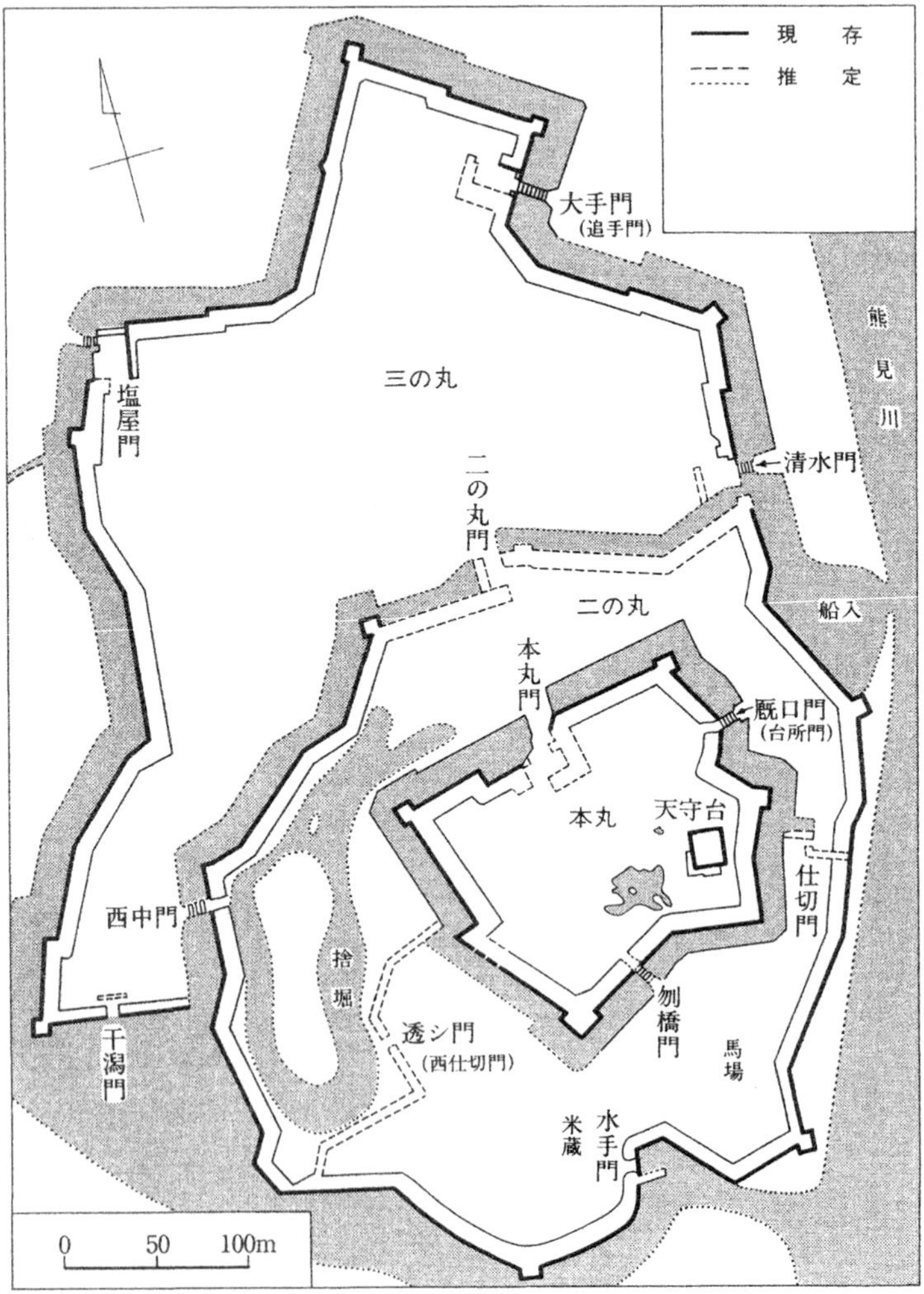


図4　赤穂城図（『忠臣蔵』第1巻，兵庫県赤穂市，1989年より）

表2　「播磨国赤穂　城付武具帳」の内訳

| 武具・武器の種類 | 数　量 | 備　　考 |
|---|---|---|
| 鉄　　炮 | 50挺 | |
| 鉄　　炮 | 109挺 | 旧赤穂藩主池田輝興の屋敷付分 |
| 壱　両　玉 | 2000 | |
| 薬 | 250貫目 | |
| 竹　火　縄 | 1000筋 | |
| 玉　薬　箱 | 5荷 | |
| 口　薬　入 | 50 | |
| 革鉄炮之袋 | 50 | |
| 鋳　　形 | 3膳 | |
| 長　柄　鎗 | 50本 | |
| 長　柄　鎗 | 100本 | 旧赤穂藩主池田輝興の屋敷付分 |
| 塗　　弓 | 50張 | |
| 征　　矢 | 2000 | |
| 同　　根 | 2000 | |
| 足軽具足 | 100領 | |
| 番　具　足 | 20領 | |
| 革　胴　乱 | 50 | |

「播磨国赤穂　城付武具帳」(『忠臣蔵』第3巻，兵庫県赤穂市，1987年所収）より作成．

や武具が、赤穂藩にあった武器の一部にすぎないことは言うまでもない。

なお、武器・武具と並んで、赤穂城二の丸に保管されていた一二一四石四斗（四斗俵にして三〇三六俵）の蔵米も引き渡された。

## 目付へ提出した赤穂藩関係書類

家老大石内蔵助は、元禄七年（一六九四）備中松山城の受け取りを担当している。おそらくその時の経験が生かされたのだろう、赤穂城引き渡しに際して提出すべき書類の作

表3　目付へ提出した赤穂藩関係書類

| 目付へ提出した書類 | 数 |
|---|---|
| 【赤穂城関係】 | |
| 城付武具帳 | 1冊 |
| 塩焇(硝)蔵書付 | 1通 |
| 船改書付 | 1通 |
| 鉄砲改帳 | 1冊 |
| 城櫓数并井戸之書付 | 1通 |
| 城内建家帳 | 1冊 |
| 蔵米帳 | 1冊 |
| 【家中関係】 | |
| 家中分限帳 | 1冊 |
| 浪人改帳 | 1通(ママ) |
| 屋敷改寄帳 | 4冊 |
| 残人之書付 | 1通 |
| 領内引払之者共書付 | 1通 |
| 宿証文之願書 | 1通 |
| 【番所関係】 | |
| 領分番所書付 | 1通 |
| 【領知関係】 | |
| 絵図(大小) | 3枚 |
| 御朱印地并除地帳 | 1通 |
| 内検地帳 | 2冊 |
| 本高并込高新田出高小物成浮所務帳 | 1冊 |
| 人数改帳 | 1冊 |
| 切支丹類族帳 | 1冊 |
| 家数町数改帳 | 1冊 |
| 牛馬改帳 | 1冊 |
| 領分有之寺社書付 | 1通 |
| 御関所女証文願之書付 | 1通 |
| 領分より出ル商買物書付 | 1通 |

『忠臣蔵』第1巻（兵庫県赤穂市，1989年）の表をもとに作成．

成業務はスムーズに運んだ。表3・表4は、受城目付と代官が受け取った赤穂藩関係書類の一覧である。目付・代官それぞれの役職を反映して、書類の内容には違いがみえる。

まず目付に出された書類には、軍事的拠点としての赤穂城、それを守備する家臣と番所など、軍事に関するものが目立つ。たとえば、「塩硝《えんしょう》蔵書付」は火薬の原料となる塩硝

（焔硝）についての書類である。「城櫓《やぐら》数幷井戸之書付」は、城に侵入してきた軍隊を攻撃する櫓の位置や数、籠城したとき生死の鍵を握る井戸について書かれていたと考えられる。「領分番所書付」を提出しているのは、番所が城を囲む堀や川、あるいは隣藩との境界区域に設置され、外部からの侵入を監視する場所だからであろう。

赤穂藩家臣に関する書類としては、「家中分限帳《かちゅうぶんげんちょう》」「屋敷改寄帳《やしきあらためよせちょう》」などがみえる。「家中分限帳」は家臣それぞれの氏名と格・禄・職などを記したもので、これをみれば家臣団の構成がわかる仕組みになっている。

「屋敷改寄帳」は、家臣が居住していた城下町の屋敷についてそれぞれ書き上げたものを、集約して作成したものと考えられる。ちなみに、大石内蔵助の叔父で、のちに盟約から離脱した小山源五左衛門の屋敷改帳には、部屋の床の素材、腰障子《こししょうじ》や襖障子《ふすま》の数から雪隠《せっちん》の戸の数までが詳細に書き上げられている。なお、これらの空き屋敷は百姓・町人が管理責任を負った。赤穂城の明け渡しは四月一九日だったが、家臣たちは四月一五日までに城下を退去するよう指示を受けていた。ただし、届け出た上で赤穂にとどまることもできた。彼らは屋敷内の家財や武器を処分し、町屋を借りたり近在の村に落ち着き先を求めたり、あるいは他藩の親類を頼ったりして城下町をあとにしたのである。「残人之書付」「領内引払之者共書付」「宿証文之願書」などはいずれも、浪人となった家臣たちの居場所や移動に関するものと思われる。

## 代官へ提出した赤穂藩関係書類

一方、代官は領民支配にたずさわるので、領内統治のための書類を受け取っている。たとえば領民支配関係のものとして、「宗旨改帳」や「類族帳」などキリシタン取り締まりに関する史料をはじめ、引き渡される村々の名前や場所などを記した「御引渡郷村帳」、在地に保有されている牛や馬の数を書き留めた「牛馬改帳」などがある。

「御引渡郷村高帳」は統治する村々の村高を記入したもの、「除地改候村々高畝数増減帳」は、課税対象から除外される高を差し引いた村高を記したものと考えられる。また、「用水井関樋指数改帳」は、水の配分をめぐって水論と呼ばれる相論が起きることがあったため、それに備えて作成された帳面ではないだろうか。「塩浜年貢運上帳」は塩の生産が盛んだった赤穂藩ならではの帳面である。塩田には年貢米に代わる塩浜年貢が課されていたのである。「酒運上帳」や「十分一運上帳」も税に関する帳面である。

「御制札建場帳」は、領内に設置された制札場＝高札《こうさつ》場の位置を記したものだろう。高札に記されるのは、幕藩領主が領民支配の必要性から周知徹底させたい法令で、キリシタン禁令はその典型例である。

興味深いのは「鉄砲改帳」がみえることである。一七世紀に耕地の開発が進んだために、次第にすみかを失った動物が田畑を荒らすようになり、鳥獣害対策から村々では鉄砲を使用していた。塚本学氏の研究によれば、全国を対象とした鉄砲調査は貞享期にはじめて行われ、城下町よりも多くの鉄砲が村々にみられたという。

表4　代官へ提出した赤穂藩関係書類

| 代官へ提出の書類 | 数 |
| --- | --- |
| 【領民支配関係】 | |
| 類族帳 | 2冊 |
| 宗旨改帳 | 多数 |
| 牛馬改帳 | 1冊 |
| 御引渡郷村帳 | 2冊 |
| 口郡家数并城下町数帳 | 1冊 |
| 人数改帳 | 1冊 |
| 【租税関係】 | |
| 御引渡郷村高帳 | 1冊 |
| 除地改候村々高畝数増減帳 | 1冊 |
| 用水井関樋指数改帳 | 1冊 |
| 塩浜年貢運上帳 | 1冊 |
| 酒運上帳 | 1冊 |
| 十分一運上帳 | 1冊 |
| 山林竹木改帳 | 1冊 |
| 辰ノ年下ケ札之写（元禄13年免状） | 1冊 |
| 【法・裁判関係】 | |
| 牢屋敷書付 | 1通 |
| 御制札建場帳 | 1冊 |
| 【その他】 | |
| 絵図（大小） | 3枚 |
| 惣寺社寄せ御朱印并除地帳 | 1通（ママ） |
| 御領分所々番所并番人之書付 | 1通 |
| 寺社本寺証文取置候分 | 1通 |
| 御尋之書付返答帳 | 1冊 |
| 鉄砲改帳 | 1冊 |
| 分限帳 | 1冊 |
| 役屋敷書付 | 1通 |

『忠臣蔵』第1巻（兵庫県赤穂市，1989年）の表をもとに作成．

赤穂城明け渡しの際の幕府条々は、元禄一四年四月、目付の榊原と荒木の連名で出されている。冒頭で、赤穂城召し上げに際しては法度《はっと》を固く守ること、とした上で喧嘩口論禁止を命じ、違反した場合は双方を処罰、荷担者は当事者よりも重罪とする旨をうたっている。これは江戸時代に軍隊を動員するにあたって出される、一般的・基本的な軍隊規律であった。

## 種貸と年貢未進の処理

この中に、種貸《たねがし》と年貢未進《ねんぐみしん》の処理について書かれた箇条がある。種貸（種借）とは領主が領民に種籾《たねもみ》を貸し出し、収穫時に利子《りし》を付けて返却させる慣行で、勧農《かんのう》の一環として中世から広く行われていた。藩の蔵から貸し付けられたものについては元禄一四年の年貢収納時に返済すること、とある。つまり、種貸は浅野家と領民との間においてではなく、赤穂藩を治める領主と領民との間で永続的に行われる、勧農の一行為と認識されているのである。もちろん、年貢収納時に返済してもすぐに翌年の種籾を借りるので、いわば借り換えがずっと続くことになるのだが、年貢未進が「棄捐《きえん》」、すなわち未納分の年貢は新しい領主に納める必要はない、とみえるのとは対照的である。年貢取り立ては個々の領主の采配に任されていたと言えよう。

しかも、年貢滞納分を労働力でまかなう「未進方に取りつかふ男女」については、年貢を立て替えた主人との間でどうするかを解決するよう述べている。ここから、藩主へ納めるべき年貢の不足分は主人が立て替え、村としては年貢皆済とし、未納分の処理は村で行われていたことがわかる。ただし、譜代下人《ふだいげにん》として主従関係にある者は、労働力を提供することで生計を立てている者であり、この箇条の適用から除外される対象であった。

## 赤穂城明け渡し前後の家臣の動向

当初から吉良邸討ち入りを明確に主張していた赤穂浪士は、江戸在住の堀部安兵衛・奥田孫太夫・高田郡兵衛の三人にすぎなかった。その対極には、御家再興を第一とする大石内蔵助がいた。双方の主張が相対立する中、情勢の変化と共に、浪士たちの一部が安兵衛の見解に賛同し、最終的に元禄一五年七月末の京都円山《まるやま》会議で、内蔵助も吉良邸討ち入りに同意するのである。この間の事情を記した史料に「堀部武庸筆記」がある。

「堀部武庸筆記」の史料的性格については、すでにプロローグの最後で述べているので、そちらを参照していただくこととし、早速、この史料に収録された赤穂浪士の書状から、彼らの動向をさぐろう。

## 江戸にいた赤穂藩士の反応

江戸留守居堀部安兵衛の思いは、小山源五左衛門に宛てた元禄一四年三月二四日付けの書状にあますところなく表現されている。この頃にはすでに、江戸の上屋敷・下屋敷すべてが幕府に収公され、赤穂藩では藩札引き替えが始まり、龍野藩では赤穂城の受取と在番の心得を家臣に申し渡していた。

安兵衛は内匠頭の刃傷と切腹は無念であるとした上で、高田・奥田と話した際、二〇人ぐらいでも吉良邸討ち入りは決行できると主張したようである。しかし世上の噂になってしまうと、先方が警固《けいご》を厳しくして本望《ほんもう》が遂げられないので、気軽に人に相談できず、眼前に亡君の敵がありながら日々過ごすのは苦しいと胸中を明かしている。安兵衛にとっては「上野介（の首）さえ手に入れば、これに過ぎる本望はない」のである（堀部安兵衛書状〈1〉）。

内匠頭は田村右京大夫の屋敷で切腹を命じられたが、江戸にいた赤穂藩士の反応はさまざまであった。田村邸へ遺体を受け取りに行ったのは、用人粕谷勘左衛門、留守居建部喜六、内証用人片岡源五右衛門・田中貞四郎・礒貝十郎左衛門、小納戸役中村清右衛門であった。さらに片岡・田中・礒貝・中村の四人は泉岳寺で落髪している。ところが江戸家老の安井彦右衛門・藤井又左衛門両名は、田村邸へも泉岳寺へも行かなかった。安兵衛は「いかなる了簡《りようけん》か腑《ふ》に落ちない」と述べている。

ただし、遺体を受け取りに行き落髪した者でも、上野介が生きていると聞いて上野介宅へ討ち入る気持ちを抑えきれないという精神状態ではなかった。片岡・田中・礒貝の三人は江戸藩邸を明け渡した後、赤穂へ戻り、内蔵助から「三人は格別の者であるから、追腹《おいばら》を切る考えに同意する心づもりがあるかどうか、うかがいたい」と言われて、「私たちは考えるところがあるので賛同するつもりはない」と返答している。「江戸に残って上野介宅に討ち入る志があるかと思えばそうでもなく、赤穂でも同意しないとは、急いで帰国したのは何のためかわからない」という風評が流れていたようだ。

安兵衛たち三人は江戸藩邸にいる家中の面々へ討ち入りの相談をしたが、家老・用人も取り合ってはくれず、居留守を使ったり多忙を理由に彼らを避けたりする有様であった。三人は国元で討ち入りに賛同する者がいないかどうか知りたがったが、家老が国元の状況を教えてくれず、悶々《もんもん》とした日々を送っていたようである。何も行動しなければ「諸人に面をさらし生前の恥」になると考えた三人は、吉良邸討ち入りを家中にはかるため、籠城・討死も選択肢に入れて赤穂へ向かった。吉良邸へ討ち入るという考えは、江戸にいて主君の刃傷と切腹を目の当たりにした家臣にとってさえ、途方もない提案と映ったのである（「堀部筆記」）。

## 京都での反応

赤穂城明け渡しの知らせは京都にも届いたが、京都留守居の小野寺十内が考えていたのは、吉良邸討ち入りではなかった。赤穂から「鬱憤の書付」を持参した多川・月岡が江戸に到着し、安兵衛・高田・奥田が江戸を出立したころ小野寺が書いた手紙からは、次のようなことがわかる。

四月三日に赤穂に到着した小野寺は内蔵助宅へ乗り込み、「自分は小身の者だが（一五〇〇石）浅野家に一〇〇年仕え恩沢《おんたく》を受けた家の者であるから、考えがあるなら自分も同じように参加する」と述べた。親類書によれば、父方母方の祖父はともに赤穂藩二代藩主浅野長友の家臣、父親の小野寺又八は内匠頭の家臣であった。ちなみに、「鬱憤の書付」を内蔵助から託された多川九左衛門は従弟にあたる（「小野寺十内親類書」）。

小野寺は「具足一領・鑓一本・白帷子《かたびら》一つ」に当座の着替えを挟箱《はさみばこ》に入れて赤穂へ下った。「城中ニて各自滅の覚悟」であると書いているから、吉良邸討ち入りは念頭になく、城で腹を切る覚悟だったようだ。手紙の最後では「一家の名を汚すようなことはしないので、安心してください」と述べている（小野寺十内書状〈2〉）。

小野寺の思いは、妻のおたんに宛てた手紙を読むといっそうはっきりする。内匠頭に格別の情けを受けたわけではないが、「か様の時にうろつきては家のきず（疵）、一門のつらよご（面汚）しもめんもく（面目）なく候」ゆえ、いざという時になったら潔く死ぬと述べている。「家」や一門の名誉がかかっていると考えて切腹の道を選び、それを「武士の義理」と表現している。個人の意思というよりも、自分を見る武士社会の目を意識し、死から逃げるのは一門の不名誉になると考えているのである。そして、人形浄瑠璃の太平記の世界に自らを仮託している。この時点で小野寺は、家中が納得するような結果は得られないだろうから、妻と再会できる可能性はほとんどないだろうと予想している（小野寺十内書状〈3〉）。

## 赤穂での血判

それでは籠城・討死の実現可能性はどれほどあったのだろうか。江戸を出発した安兵衛・奥田・高田は、赤穂にいる家臣たちに籠城の覚悟があるなら、城を枕に討死するのも本望であると考えていた。彼らが赤穂に到着したのは、赤穂城明け渡しを五日後に控えた、四月一四日のことである。すでに赤穂では、城を「自滅の場」とする意見や追腹を切る意見が出されていたが、家老の大野九郎兵衛をはじめ、番《ばん》頭《がしら》・物頭《ものがしら》・用人といった藩家臣団上層部には反対者が多く、合意は得られなかった。結局、赤穂花岳寺《かがくじ》で追腹を切ろうと申し合わせた者は、内蔵助、番頭の奥野将監《しょうげん》、物頭の河村伝兵衛・進藤源四郎・原惣右衛門・小山源五左衛門にすぎなかった（「堀部筆記」）。

一方、岡山藩が派遣した忍びの野崎六大夫は、この六人に物頭三木団右衛門の名前を加えている。彼らが追腹で合意したいきさつについて、野崎は次のように報告している。

内蔵助が四月一一日登城し、番頭・物頭など主な家臣を前にして、「上使がきたら一通りの恨みを申し上げて切腹する覚悟でいるので、同心の衆は判形《はんぎょう》してほしい。同心しない者は勝手次第である」と述べ、牛王《ごおう》（熊野神社などから出す「牛王宝印」などと記した厄よけの護符《ごふ》で、裏面を起請文《きしょうもん》用紙に使う）に血判《けつぱん》したものを差し出したところ、奥野以下六人が連判した。そして内蔵助は、彼らの配下にある組の者で同意する衆も血判するようにと述べた。

そして、四月一二日時点で連判したとされる二九人のうち二五人の氏名を書いている。これを親族関係の観点から並べ換えてみると、興味深いことがわかる。

大石家関係――大石内蔵助、奥野将監、小山源五左衛門、進藤源四郎、大石八郎兵衛、
　　　　　　　大石孫四郎、潮田又之丞、河村伝兵衛
小野寺家関係―小野寺十内、小野寺小十郎、岡野金右衛門、岡野九十郎
原家関係――――原惣右衛門、岡嶋八十右衛門、貝賀弥左衛門
村松家関係――――村松喜兵衛、村松九大夫
親族関係不明―三木団右衛門、平野半平、上嶋弥助、中村清右衛門、安井彦右衛門、
　　　　　　　田中孫兵衛、加々見八右衛門、生瀬十左衛門

（岡山藩忍びの報告）

やや遠縁の者もいるが、大石家の関係者が八人、小野寺家の関係者が四人、原家の関係

者が三人、村松家の関係者が二人で、計一七人は親族関係から血判したと考えられる。そして、このうち八人が後に討ち入りに参加することになる。それに対し、親族関係不明者の八人はいずれも討ち入りに参加していない。

## 籠城・討死から城明け渡しへ

安兵衛たちが到着したとき、すでに赤穂ではこのようなメンバーが血判をしていたのである。三人の見解は内蔵助と真っ向から対立していた。内蔵助は、城を明け渡さずに籠城するのは、大学の命令のように受け取られて浅野の名跡《みょうせき》を失う可能性があり、不忠の行為と解釈する。彼にとっては、大学の一分《いちぶん》が立つかどうかを見届けることが優先事項であった。三人はこれに反論し、「大学の一分」ではなく「家中の一分」が立つようにしてほしいと要求している。主君の敵《かたき》を生かしたままで顔向けできないのは自分たち家臣であり、赤穂藩に武士はいないのかと思われては後代までの恥になるというのである。主君の敵を討つ、あるいは籠城するのは、亡き主君のためではあるが、それは同時に自分自身の面目のためでもあった。

三人は内蔵助を外して他の家臣を誘うことにした。藩家臣団上層部の番頭・物頭に籠城を訴えるが、いずれも断られている。彼らは討ち入りはもとより念頭になく、籠城も大学の面目を考えて自重すべきであると考えていた。この時は内蔵助が、城は明け渡すが「以後の含みもこれ有り」と言ったため、三人はこれを上野介を討ちとることと解釈して籠城を断念する。結局、籠城・討死どころか、追腹を切ることもなく、赤穂城は四月一九日に明け渡されたのである（「堀部筆記」）。

以上の経過を見ると、当初、討ち入りを考えていたのは安兵衛・高田・奥田の三人だけであったことがわかる。しかも、上方《かみがた》では内蔵助のもとで、御家再興に向けて動くことで一致していたのである。

## 内蔵助の仕事ぶり

内蔵助は安井彦右衛門・藤井又左衛門・大野九郎兵衛と同じく家老であったが、その禄高は一五〇〇石で赤穂藩の家臣の中で最も多かった。安井と藤井は江戸家老であったたし、大野九郎兵衛は早々と赤穂を去っていたから、城明け渡しから残務整理までの任務は内蔵助の肩にかかった。すでに四月七日付けの書状で小野寺十内は、内蔵助は少しも倦《う》むことなく毎日城で仕事をしており、一回り以上も若い大石に自らの進退を任せられると述べている（小野寺十内書状〈2〉）。

城の明け渡しは四月一九日だったが、家臣のうち内蔵助以下三三人は引き続き赤穂にとどまり、遠林寺《えんりんじ》の会所で五月二一日まで残務整理に追われた。その頃書かれたと推定されるのが、三村次郎左衛門の書状である。三村は父親の代から浅野家に仕えた七石二人扶持の台所役人であった。五月一八日に書類の引き継ぎが終了した際、内蔵助は奉行・小役人以下に魚料理をふるまい、続いて士分《しぶん》の者を一人ずつ居間へ呼んでお礼の金子《きんす》を渡した。

その他の者は書院に呼び集めて労をねぎらったという〈三村次郎左衛門書状〈5〉〉。城の明け渡し以後も、元家老として職務をこなした様子がうかがえる。

## 百箇日法要と江戸の家臣たち

このように国元では引き継ぎが進んでいたが、安兵衛ら三人は江戸へ帰ったあとも、吉良邸討ち入りに賛同する同志を募っていた。内蔵助から下向の知らせがないのに業を煮やした安兵衛は、六月一八日付けで内蔵助の叔父小山源五左衛門へ書状を送っている。それによると、安兵衛たちが同志と思っているのは四、五人しかいなかった。とても討ち入りできるような状態ではなかったのである。大学の安否を見届けたいとする者が多く、姿を変えて「弁舌さわやか」になった者すらいたという。安兵衛は「先祖一家一軒の名まで恥ずかしき事」とし、「亡君の憤《いきどお》りを安んじることだけが自分の存念である」とその心情を吐露している。

六月二四日、江戸の泉岳寺で内匠頭の百箇日法要が行われた。安兵衛・高田・奥田の三人は石碑の前で「志を同じくする者と共に、一日も早く上野介の首を取り、墓前に差し上げたい」と述べ、誓いも新たにかつての江戸家老安井彦右衛門へ討ち入りの覚悟を迫った。しかし安井は、「亡君は上野介の首を見るより、祖父の代からの家を興す方が喜ぶだろうから、大学の首尾を見届けるのが当然だ」との意見であった。これに対し安兵衛は、殿中で刃傷を起こせば大名の改易は必至であり、殿中で切り付けること自体、内匠頭が浅野家の存続を考えていなかったことを示すものだから、亡君の心にかなうのは上野介の首だけである、と主張する。

安井は三人との会見について、墓前で落髪した礒貝十郎左衛門に話した。「亡君はいつまでも仕えるべき主君であり、亡君の命令であれば大学へ手向かいすることもはばからない」と豪語する三人は、安井にとって「もっての外の不了簡なる者」たちであった。その評価を礒貝から聞いた三人は、「安井がそのような腰抜けとは知らなかった。亡君の厚恩を受けて家老の地位にあったのに。我々のような新参者さえこのように義を立てて、百年の命を亡君のためになげうつ覚悟と聞けば、少しは恥ずかしいと思うだろうと諫《いさ》めたが、これほどの腰抜けとは」とあきれて、以後「不通」の関係になった。

さらに安兵衛は、礒貝が「草履取《ぞうりとり》になっても本意を遂げ亡君の憤りを晴らしたい」と言っていたことから、礒貝を討ち入りの人数に数えていたが、この頃から音信不通になっている。そこで、江戸の者は「腰脱《こしぬ》ケ」で本意を遂げられないと見切りをつけ、上方勢《かみがたぜい》の協力をとりつけようとするのである（「堀部筆記」）。

# 大石内蔵助と堀部安兵衛

## 御家再興運動の推移

上野介を討つことを第一義とする安兵衛は、御家再興を求める安井彦右衛門のみならず、同様に御家再興を優先事項と考える内蔵助とも相入れなかった。

赤穂城明け渡しを目前にひかえて、安兵衛らは内蔵助に対し、主君の敵である上野介が生きている状況のまま、家中《かちゅう》が城を明け渡して離散するようでは、武士としての面目が立たないと主張していた。ここでは、籠城にせよ討ち入りにせよ、主君との情誼《じょうぎ》的《てき》関係だけではなく、武士個人としての名誉、さらに家中の名誉と結びつけて論じられていることに注意しておきたい。対する内蔵助の見解は、「大学殿一分」が立つように計らい、その安否を見届けるべきであるということで一貫している。内蔵助は、浅野家の存続を第一に考えており、浅野の名跡が絶えることは「不忠」であると認識していた。

主君という存在は、安兵衛にとっては内匠頭という具体的な個人であり、浅野家に対する彼の忠義はあくまでも内匠頭個人との関係でとらえられている。しかし内蔵助にとって内匠頭は、彼が奉公すべき大名家の主君の一人にすぎない。本章では二人の見解と行動を考察し、その違いが生まれた原因をさぐりたい。

## 御家再興の可能性

内蔵助の御家再興運動については、滞りなく城を明け渡すためのいわば方便《ほうべん》として、御家再興を主張し、実際には再興運動をしていなかったと考える向きもあろう。しかし、内蔵助が当初から討ち入りだけを射程に入れ、それを隠すために御家再興を主張していたとみなすのには無理がある。

江戸藩邸と赤穂城の明け渡し、朱印状や知行目録の返却、引き継ぎ文書の作成が終了すれば、彼らは元浅野家家臣の浪人《ろうにん》にすぎない。御家再興を考えていないのであれば、安兵衛が言うように、大学が閉門中に討ち入りを決行して問題はないはずである。しかし、内蔵助は安兵衛らいわゆる急進派を執拗なまでに牽制《けんせい》した。

御家再興の意思は内蔵助が書いた書状にも表現されている。元禄一四年五月一一日付けの書状は、冒頭で赤穂浅野家分家の美濃守（浅野長恒、旗本若狭野陣屋）と左兵衛（浅野長武、旗本家原陣屋）の御機嫌《ごきげん》伺いを述べていることから、宛所の杉浦藤兵衛・前田市左衛門がその家臣と推定される書状である。大学の行く末が決まらないため家中の者は不安を感じており、閉門後の大学が「人前《ひとまえ》の御交」ができる状態で知行を得るよう、家中一同が願っていると書いている。ここでいう御家再興とはもちろん、旗本浅野大学としてではなく、何万石かの知行を有する藩主浅野大学としてである。浪士の多くは閉門赦免後に「御家」が再興され、大学の家中に編入されることを望んでいたと考えられる。その願いに応《こた》えるべく、内蔵助は受城目付に老中への取りなしを頼んだことを告げ、江戸の情報が入手できない折から、幕府が大学に新たな指図などをした場合はすぐに知らせてほしいと頼んでいる（大石内蔵助書状〈6〉）。

六月五日、内蔵助の曾祖父大石良勝の弟の孫にあたる三平兄弟に宛てた書状でも、「人前」が立つ形で大学による御家再興を望んでいる（大石内蔵助書状〈8〉）。

それでは、内蔵助は御家再興が多少とも実現すると考えていたのだろうか。先に述べたように、殿中刃傷の先例には内匠頭の刃傷事件と同種の事件がない。「原因不明」で切り付けた二つの事件では、殺害した方が切腹・御家断絶となっている。しかし内匠頭の場合、殺害できず傷害にとどまった。したがって、内蔵助が「切り付けた」という行為そのものではなく、殺害か傷害かが御家存続の可否に影響を与えると思っていたのであれば、再興もありえなくはない、と一縷《いちる》の望みを託していたと解釈できる。

内蔵助が浅野家再興のために積極的に動いていたのは、主に内匠頭の切腹から、上野介の隠居と義周《よしちか》の家督相続が許可される一ヵ月ほど前までのおよそ八ヵ月間で、その動きは次のようにまとめられる。

**大石内蔵助による御家再興運動**

〈元禄一四年〉

三月二九日　幕府受城目付に「鬱憤の書付」を渡すため多川久左衛門・月岡次右衛門を江戸へ派遣する（二人は幕府受城目付とすれ違いになったため「鬱憤の書付」を大垣藩主戸田氏定にみせる）（A）

四月一八日　幕府目付・代官が赤穂城内検の際、大学御免と奉公の力添えを嘆願する（目付の荒木・榊原は江戸へ帰って老中・若年寄に伝える）（A）

五月一二日　原惣右衛門と岡本次郎左衛門に、御家再興を江戸の護持院《ごじいん》隆光《りゆうこう》にはかるよう依頼した手紙を京都普門院《ふもんいん》へ届けさせる（C）

五月一七日　原惣右衛門と岡本次郎左衛門に、帰国途中の広島藩主松平綱長と参勤交代で江戸へ向かう三次《みよし》藩主浅野長澄へ、御家再興の力添えを依頼させる（B）

この頃、京都智積院《ちしやくいん》隠居を通じて江戸の護持院隆光に御家再興の力添えを依頼する（C）

五月二〇日　江戸の護持院隆光に御家再興の力添えを依頼するため、遠林寺祐海《ゆうかい》を江戸へ遣わす（C）
六月七日　目付荒木政羽が分家の浅野長恒（若狭野陣屋）に、老中・若年寄の応答を伝える（A）
六月　御家再興の力添えを依頼するため遠林寺弟子葦船《いせん》を京都智積院に遣わす（C）
一一月　江戸滞在中、目付の荒木・榊原を訪問し御家再興を嘆願する（A）
〈元禄一五年〉
五月二四日　遠林寺祐海を江戸へ遣わす（C）

内蔵助は三つのルートから御家再興を嘆願していた。まず幕府目付を介して老中に取り次いでもらう「幕閣ルート」（A）、本藩の広島藩や内匠頭の室阿久里《あぐり》の実家三次藩から幕閣に嘆願する「親類ルート」（B）、赤穂の遠林寺あるいは京都の智積院から江戸の護持院隆光へ力添えを依頼する「寺院ルート」（C）である。そのうち、最も力を入れていたと考えられるのは、（C）の「寺院ルート」である。

広島藩や三次藩は同じ浅野家だが、広島藩とは浅野長政を共通の祖先に持つとはいえ、内匠頭は長政の孫の孫にあたるほど関係は遠くなっている。両藩とも自藩に累《るい》が及ばないよう赤穂城明け渡しを求める使者を送っているほどだから、このルートから御家再興を強力に幕閣へ嘆願するのは、現実問題として無理であろう。また、目付は実際に老中などへ口添えをしたようだが、老中や若年寄がどれほど御家再興の実現に決定権を持っているのかが問題となる。内蔵助が、赤穂の遠林寺やその前住職で京都にいる普門院、あるいは京都の智積院を通じて、将軍綱吉に対して力を持つ江戸の護持院隆光へ働きかけてもらおうとしたのは、当時の政界の人間関係を考えれば理解できる方策であった。

## 「御家」への奉公か主君個人への奉公か

内蔵助が浅野家という「御家」にこだわっていたことは、内蔵助と安兵衛たちの間で交わされた往復書簡からも明らかになる。そこで次に双方の書状を検討し、彼らの主張とその論拠を明らかにしたい。

### 七月一三日付けの大石内蔵助書状

内蔵助は大学による浅野家再興を実現することが、浅野家に奉公する者としての義務と考えていた。一方、安兵衛は主君が命を捨て「家」を捨てて刃傷に及んだ以上、主君の鬱憤は上野介の首をとることによってしか晴らすことはできないという考えに立ち、御家再興にこだわるのは、家臣として主君の意思を正しく引き継いでいない表れと考えていた。

内蔵助と安兵衛の見解の相違は、元禄一四年七月中旬から八月にかけて両者の間で交わされた書状に、もっともよく表現されている。七月一三日付けで内蔵助が江戸の高田郡兵衛・堀部安兵衛・奥田孫太夫に宛てた書状をみよう。

安兵衛が内蔵助の叔父小山源五左衛門へ宛てた六月一八日の手紙で、一刻も早く江戸へ下向するよう内蔵助へ催促してほしいと頼んでいたことからもわかるように、安兵衛は内蔵助の下向と吉良邸討ち入りを近い将来のことと考えていた。ところが内蔵助は、大学の安否がはっきりしないうちは、いかなる存念があっても大学のためにならないと牽制し、「我意」を立てることは赤穂の面々も認めていないと反論する。

そして大勢で江戸へ下ることも、さらに内蔵助が下向することも大学のためによくないので、とりあえず原惣右衛門一人を下向させるとしている。また国元では内蔵助が命じない限り、私用はともかく、大勢で浪士が下向することはないと断言する。大学の安否を確認してからその後の行動を決定する姿勢と、内蔵助のもとに浪士が掌握されている状況を知らしめているのである。内蔵助にとって、御家再興は内匠頭・大学双方への家臣としての忠義であり、それが達成されれば武士身分を捨てて出家してもかまわないほどの意味を持っていた。大学の御為一筋に生きるのが、この時点での内蔵助の覚悟であった。

ついで内蔵助は、七月二二日にも三人に宛てた書状で、討ち入りは自分勝手な「我意」にすぎず、上野介の首を取りさえすれば本望であるという安兵衛の「御了簡違」いに、驚いているとも述べている。このような内蔵助の見解に対し、三人が猛反発したのは当然であった（「堀部筆記」）。

## 八月一九日付けの堀部安兵衛連名書状

七月一三日付けの内蔵助からの書状に対し、安兵衛・高田・奥田は八月一九日付けの返書で次のように述べる。

出家沙門《しゅっけしゃもん》の身となっても大学の為であれば本望だと思う、とあるが、よく考え直した方がよい。大学は一度「分知」した「連枝《れんし》」にすぎない。亡君を主君と仰ぐ家来としては、亡君へ忠義を尽くすことが本意である。亡君が何物にも代え難い命と祖父伝来の御家を捨てて鬱憤を晴らそうとした以上、家来として主君の敵を見逃し大学を大切に思うのは、大学に事寄せて我が身をかばっているように聞こえる。江戸の大名・小名・旗本の間では、浅野家は由緒ある家柄であり、義を立てる武士がいないはずはないから、主人の敵を見逃すことはしないだろうともっぱらの評判である。

この書状には、三人の討ち入りに対する考え方が十二分に述べられているが、すでに八月八日、安兵衛は単独で内蔵助に書状を出している。

安兵衛は、浅野家は内蔵助の「御家筋の儀」であるから、その行く末を見届けたいという思いは余儀ないことであると、一定の理解を示している。しかし、江戸に住む自分たちにとって、上野介を眼前にしているのは不快であり、一日も早く鬱憤を晴らしたい念願だけを抱いているとして、江戸の特殊事情を訴えることも忘れない。彼は当初から上野介の首だけを求めており、上野介が生きていることが我慢できない心情を吐露している。「主の仰せにては親の首をも取り申す程」、亡君の日頃の厚恩を感じている自分にとって、上野介の首を墓前に供えるのは、何よりの「生前の御奉公」である。討ち入りは「武の道」にかなう行為であり、亡君の末代までの名誉になると述べている。安兵衛にとって、主君への奉公は親の命をもしのぐほどの意味を持っており、主君への忠義は親への孝行にまさるものである。奉公すべきは内匠頭ただ一人であり、その怨念を晴らすことが何よりの忠義であって、討ち入りは武士としての道にも、亡君の名誉にもなる行為であるという位置づけなのである（「堀部筆記」）。

## 一〇月五日付けの大石内蔵助書状

安兵衛ら三人に宛てたこの書状でも、内蔵助の主張にまったく変化はなかった。後述するように、安兵衛たちが送った八月一九日付けの手紙には、江戸の噂《うわさ》がいろいろと書いてあったが、内蔵助はそのような「世間の批判」に頓着する必要はないと喝破《かっぱ》し、大学の「人前」が立つ形での御家再興論を展開している。「千に一つも」とあるから、内蔵助自身、可能性はきわめて低いと考えていたことがわかる。それでも「人前」が実現すれば亡君も喜ぶことであろうし、もし「人前」がかなわなければ、その時には大学と我々は同志ということになるというのである（「堀部筆記」）。

内蔵助の主張の核心は、「人前」、つまり吉良側に何らかの処罰をともなう形での浅野家再興であり、単なる浅野家再興ではないところにある。ところが年末の一二月になって、上野介の隠居と義周の家督相続を幕府が認めたため、内蔵助はこの「人前」論を事実上撤回することになる。

**江戸の噂と吉良邸討ち入り**

安兵衛たちが八月一九日付けで内蔵助に出した返書の後半には、「江戸の噂」が次のように箇条書きにされていた。

①　吉良邸の隣に住む徳島藩の支藩、富田藩主の蜂須賀隆重《はちすかたかしげ》は、赤穂浪士たちが吉良邸へ討ち入りするかもしれないと危惧し、昼夜にわたって警備に余念がない。そのため家中が困窮して、屋敷替えを老中や取次に打診していると江戸留守居が語ったという。

②　大学は兄であり養父でもある内匠頭の切腹に遭遇したのであるから、たとえ一〇〇万石を与えられても、大学の「人前」は回復しないだろうと江戸で噂している。

③　大学が閉門の間に上野介を討ち取れば、大学の「人前」は回復する。しかし閉門御免のあとに吉良邸へ討ち入ると、大学が指図したように思われるので、大学の為にな

らない。家中が「腰脱ケ」であれば、大学自身が討ち入りするだろうと、大名・小名・旗本が噂している。

④　上野介の屋敷が本所《ほんじょ》あたりに替わるらしい。討ち入りを実行する時節がきたともっぱら取り沙汰されている。

⑤　上野介の従弟婿にあたる松本藩主水野忠直が親しい者に語ったところによると、御《お》伽《とぎ》の座頭《ざとう》が水野に、上野介の屋敷替えは公儀が赤穂浪士の討ち入りを事実上促すものだと言ったので、水野もその通りと答えたという。（「堀部筆記」）

さまざまな江戸の噂を紹介することによって、討ち入りという考え方が特異なものではなく、江戸で期待されている行動であると主張している。その実現が主君の名誉ともなり家臣の名誉ともなるとして、討ち入りを正当化しようとしているのである。①〜⑤までの内容は、いずれも大学による御家再興に関係なく、吉良邸討ち入りが必至であると考えているところに共通点がある。一〇〇万石の知行さえ吉良の首にはかなわない、という主張は、安兵衛の主張とまったく同じである。このような噂については、他の浪士の書状に記述は見当たらず、当時、本当に江戸でささやかれていたかどうかは疑わしい。ともあれ、吉良邸討ち入り案は受け入れられなかった。ほとんどの者は大学が広島藩差し置きになるまで、御家再興論に傾いていたのである。

# 大石家と堀部家

なぜ内蔵助は御家再興に固執し、安兵衛は主君との情誼的関係にこだわったのだろうか。安兵衛が指摘したように、内蔵助は浅野家の「御家筋」の者であった。図5は大石家と浅野家の関係図である。

**大石家の系図**

内蔵助の祖父で養父の大石良欽《よしたか》の弟良重（養叔父）は、初代赤穂藩主浅野長直の娘を娶《めと》り、息子の長恒は藩主長直の養子となっている。長直は逝去の前に長恒へ三〇〇〇石を分《ぶん》封《ぽう》し、これが分家の赤穂郡若狭野浅野家となった（旗本若狭野陣屋）。同じく良重の息子の長武は、長直の養子で分家の加東郡家原浅野家当主の長賢の養子になっている（旗本家原陣屋）。つまり血縁関係としては、内蔵助の大叔母が初代藩主の娘であり、大叔父の息子二人が赤穂浅野家の二つの分家を継いでいるのである。さらに、曾祖父大石良勝以来、大石家は代々浅野家家老の地位にある。したがって、内蔵助が「御家」あっての家臣の「家」という位置づけをするのも、納得がいくのである。

## 主君・「御家」との関係

さらに内蔵助の親類書をみると、赤穂周辺の大大名の家臣として奉公している武士が多いことに気づく。実母方の祖父池田出羽は、岡山藩主池田綱政の家老である。伯父の大石平内は高松藩主松平頼常の家臣であり、伯父の小山孫六や進藤吉太夫、従弟の家所造酒助の養父、従弟の池田長左衛門は広島藩主松平綱長の家臣である（大石内蔵助「親類書」）。これらはすべて、城明け渡しの際、軍勢を出して警戒にあたった藩であった。

図5　大石家と浅野家の関係図

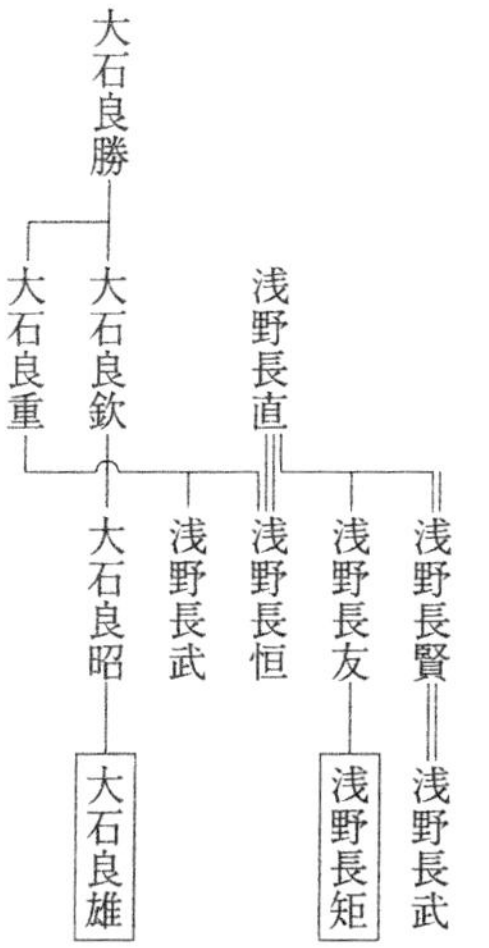


ところが内蔵助の親類とは対照的に、安兵衛の親類は、従弟に熊本藩主細川綱利の家臣、紀州藩安藤采女の家臣、叔父に本多孫太郎の家臣がいるほかは、すべて旧主越後新発田《しばた》藩溝口氏に仕えている（堀部安兵衛「親類書」）。

江戸留守居の任にあった安兵衛は江戸藩邸に常駐しており、参勤交代で一年おきに江戸を訪れる内匠頭との空間的な距離は、国元《くにもと》の家臣と比べて近かったと考えられる。病没した父親が新発田藩家臣だった安兵衛は、高田馬場の一件で知られる剣客《けんかく》としての腕前を堀部弥兵衛に見込まれて、堀部家の養子になることを内匠頭に許され、馬廻《うままわ》りに取り立てられている。したがって、安兵衛にとって内匠頭は、代々自らの家が仕えてきた「御家」の主君ではなく、その「御厚恩」によって家臣になることが許された特別な主君であった。主君の遺恨を自らのものとし、それを晴らすことだけを当初から念願していたという、内匠頭との一体感、そして亡君の命令があれば親の首さえ取るという主君との精神的な絆は、彼の個人的な内匠頭との関係から生み出されたものであった。

こうしてみると、内蔵助と安兵衛の二人が背負っている「家」と「御家」との関係、内匠頭との個人的な人間関係が、両者の意識に与えた影響は大きかったと考えられる。内蔵助が古参の藩士として浅野家に恩義があるのに対し、新参者の安兵衛には「家」が代々仕えてきたという意味での恩義はないのである。

安兵衛は主君との一体感を強烈に感じる「古い」型の武士だと言われる。そして、主君個人よりも「御家」という組織に忠実な内蔵助のような武士が、一七世紀を通じた社会の伝統化の中で形成されてきたとも考えられている。しかし、小姓として幼い頃から内匠頭に仕えていた者が、何人も討ち入りに参加していることからもわかるように、二人に代表されるタイプの違いは、時代的違いというより主君との個人的関係の違いから生まれたと考えられよう。

# 内部分裂の危機と討ち入りの決定

## 上野介の隠居と左兵衛の家督相続

元禄一四年一二月一一日、上野介の隠居と左兵衛義周《よしちか》の家督相続が幕府に認められた。これによって内蔵助が主張したような、大学の「人前《ひとまえ》」の回復を伴う御家再興は実現不可能となった。それまで内蔵助の御家再興論を支持してきた浪士に、考え方の変化がみられるようになったのは当然であろう。ここでは、上野介の隠居から大学の広島藩差し置きを経て、円山《まるやま》会議で討ち入りを決定するまでの紆余曲折を分析する。

### 堀部安兵衛の焦り

内蔵助は大学の閉門解除をひたすら待つ戦略をとったが、安兵衛は再就職の道を捨ててまで討ち入りをするつもりであった。六月二八日、実父の親友で新発田藩《しばたはん》家臣の吉川茂兵衛に宛てた書状から、越後新発田藩主の溝口重雄・重元が内匠頭の一件を聞いて、浪人になった安兵衛を心配し相談に乗ると言っていたと、内々に知らせてくれた者がいたことがわかる。養父の弥兵衛は忝《かたじけ》ないと述べたが、安兵衛は一日でも扶持《ふち》をもらい、その厚恩に預かって一家を養った以上、古参・新参の区別はなく、亡君の憤りを一日も早く散じたいとだけ願っていると返答したという（堀部安兵衛書状〈11〉）。安兵衛は仕官の話を捨ててまで、討ち入りを決行しようとしていたことがわかる。

この頃、赤穂についてはいろいろな風聞があったようだ。大坂に住む萱野三平が九月一日に神崎与五郎へ宛てた書状では、大学に新たな沙汰がないことはいい徴候だとした上で、陸奥磐城平《いわきだいら》藩主内藤能登守が赤穂の新しい藩主になるという噂があると述べている。また、内匠頭の室阿久里が自害したという噂も飛んでいる（萱野三平書状〈13〉）。

城明け渡しから日が経つにつれ、安兵衛はますます焦るようになった。九月七日の書状でも、江戸にいる同輩中の考えがこれからどうなるかと、その行く末を案じている（堀部安兵衛書状〈15〉）。この時点でもまだ、討ち入り案はほとんど支持されていなかったのである。

## 神文の作成

そのような中で、安兵衛・奥田孫太夫・高田郡兵衛は一〇月二九日に神文《しんもん》を作成した。

亡君は祖父代々の御家と、天にも代え難い命まで捨てて、鬱憤を晴らそうとしたにもかかわらず、その本望を遂げることはできなかった。残念の極みであり、家臣として打ち捨てがたい。かくなる上は、たとえ同志の間にいろいろな考えがあって延期になっても、来年三月の一周忌の前後に、同志たちで義のために吉良邸に討ち入り討死することが、忠義の道と思い決めた。一周忌を過ぎないよう志を尽くして主君の鬱憤を晴らす。このように申し交わした以上、これに違うことはない。もし背くことがあったら亡君の罰が下るであろう。ここに一紙をしたためる。（「堀部筆記」）

神文には、江戸家老安井彦右衛門とのやりとりで彼らが主張したことが、そのまま書かれている。先祖代々の家を捨て自らの命も捨てて、鬱憤を晴らそうとした主君の心情を重んじる以上、大学による御家再興は何の意味も持たないのである。

三月の一周忌前後には討ち入りたいとして、一年という区切りを設けている点は注目される。内蔵助は大学の行く末を見届けたいとしたが、具体的な期限は決めていなかった。しかし安兵衛たちは、大学の安否にかかわりなく、一周忌を目指して討ち入りを決行したいという具体的な目標を持っていたのである。さらに末尾の罰文は、八幡大菩薩《はちまんだいぼさつ》を初めとする神仏ではなく、「御亡君の御罰遁《のが》るべからざる者也」となっている。

ところが、ここにみられる亡君との情誼的一体感、その延長としての吉良邸討ち入りという考え方は、他の浪士たちの心を動かすまでには至らなかった。三人は上方《かみがた》から下向《げこう》してきた「健《したたか》なる」潮田又之丞・中村勘助・大高源五・武林唯七の四人に、この神文を見せた。しかし四人は、時節が到来してから神文を出すとして、判形《はんぎょう》を先送りにしている。

**内蔵助たちの江戸下向**

実は神文作成の前後に内蔵助ほか上方衆が江戸へ下向していた。まず、原惣右衛門・潮田又之丞・中村勘助の三人が九月初めに江戸に到着し、そのあと大高源五が進藤源四郎と山科を出立、内蔵助は奥野将監・河村伝兵衛・岡本次郎左衛門・中村清右衛門とともに、一〇月二三日に山科を出ている。安兵衛は先発隊のうち三人と江戸に住んでいた武林唯七を招いて会合を開き、そこでこの神文を見せたのである。彼らはこの時点では起請文《きしょうもん》を作らなかったが、年が明けてから安兵衛の討ち入り案に急速に傾いていくメンバーだから、安兵衛が彼らを同志の中心的人物と見た目に狂いはなかったことになる。

一一月一〇日、芝で開かれた会合には、内蔵助と奥野・河村・進藤・岡本・原・安兵衛・奥田・高田が出席した。次の間には上方から下向した残りの者たちと、江戸にいた勝田新左衛門と武林が控えた。安兵衛は、大学が閉門中に討ち入りすれば、大学の赦免後その「人前」も立つし君臣の礼儀にもかなうと述べたが、内蔵助は大学の安否を見届けたいと主張した。結局、三月中という期限を区切って話し合わないと、皆の士気が衰えるという安兵衛の主張を内蔵助がのむかたちで、討ち入りを翌年三月に決行することでまとまったのである。

**高田郡兵衛の離脱**

一二月二七日付けの安兵衛ほか三人による連名の書状で注目されるのは、高田郡兵衛の名に「病気故判形仕らず候」と書かれていることである。実は高田はこのとき、盟約から離脱していたのである。事の次第は次のようであった。

高田は伯父内田三郎右衛門から養子にしたいと言われ、断るものの聞き入れてもらえず、窮地に立たされていた。そこで郡兵衛の兄が本当の事情を漏らしたのである。討ち入り計画を聞いた内田は、内匠頭の家臣が徒党を組んで討ち入るのは、公儀の裁定に遺恨を差し挟むものであり、一類に難儀を及ぼすことを考えない、もってのほかの所存であると激怒した。養子になるか事を公にするかを迫られた高田は、安兵衛と奥田に事情を話し、結局、事が漏れては大変なので、高田が養子に入り離脱することで相談はまとまったのである（「堀部筆記」）。

**吉良家の家督相続**

一二月一一日、上野介の隠居と義周の家督相続が許可された。これは、幕府が吉良家に対し刃傷一件に関して処罰しないことを意味したから、浪士の動向に大きな影響を与えた。このとき、まだ江戸に残っていた原と大高はすぐに内蔵助へ知らせた。一二月二五日に内蔵助が安兵衛たちに宛てた書状と、一二月二七日に安兵衛たちが内蔵助に宛てた書状は、どちらも上野介の隠居と義周の家督相続の知らせをうけてほぼ同時に書かれたものだが、双方の反応は対照的であった。

安兵衛たちは内蔵助に対し、自分たちは正月二〇日過ぎに江戸を出て上京し、京都で心づもりも聞いた上で、三月上旬には江戸に帰ってくる予定をたてていること、それについては原・大高とも相談ずみであること、三月中旬頃の上野介の居場所がわかる手筋も頼んであることを知らせている。この年の九月二日、吉良邸を呉服橋内《ごふくばしない》から本所《ほんじょ》へ移すよう幕命が出されていた。本所の屋敷地は、明暦《めいれき》の大火で亡くなった人々を埋葬した回向院《えこういん》のそばにあった。

一方内蔵助は、春になったらこの件についてゆっくり相談するつもりであるとした上で、討ち入りを大工仕事にたとえ、大工衆が事を急いでしまうのではないかと心配している。内蔵助は同日、安兵衛の養父堀部弥兵衛にも別便を送っている。そこでは、討ち入りをするなら大学の意向も聞くべきであり、安兵衛たちがどのような考えでいるのかその了簡《りょうけん》を承りたいと述べた上で、隠居＝上野介がだめなら若旦那＝義周を討てばよいのだから、とにかく事は慎重に運ぶべきであるとしている（「堀部筆記」）。

三月に決行するのか。討ち入りの相手は義周でもよいのか。この二点をめぐって、内蔵助と安兵衛の間には決定的な意見の相違がみられた。「吉良への処分＋大学による御家再興＝人前」という内蔵助の論理にしたがえば、上野介の隠居が認められた時点で、もはや彼に処罰が下る可能性はなくなったのだから、選択の余地はないはずである。にもかかわらず、内蔵助は一向に動こうとしない。

　年が明けて元禄一五年を迎えても、両者の溝は埋まらなかった。一月二六日に安兵衛と奥田は内蔵助に対し、もはや事を見合わせる時期は過ぎたのに、大学にこだわって慎重論を唱える意図が理解できないと不満を漏らしている。年老いた上野介を討つことを考えているからいらだつのであり、討ち入りを考えている者は渡世《とせい》を二の次にして暮らしているため、当座の生活に苦しむ者もいると訴えて、浪士が置かれた状況を配慮するよう求めている。内蔵助さえ決意すれば家中の過半は内蔵助にしたがうはずであるとして、討ち入りの決意を促しているのである（「堀部筆記」）。

　他方で一二月末以降、安兵衛は別の方向を模索しはじめていた。内蔵助に従っていた人々の中にも、考え方に微妙なずれが生まれていた。安兵衛・奥田・高田は内蔵助のみならず、大高・原・潮田・中村との間でも書簡のやりとりをするようになり、彼らとの距離が急速に接近していく。安兵衛たちの討ち入り論に理解を示す浪士が、他にも現れたのである。そこで、江戸の安兵衛たちと原・大高・中村・潮田・武林が、内蔵助から離れて討ち入りをする方向で合意していく経過を次にみよう。

# 内部分裂の危機

## 山科会議までの推移

安兵衛は一月二六日に、内蔵助だけでなく原・潮田・中村・大高にも書状を送っている。そこでは、「内蔵助の了簡は理解しがたく、いくら言っても討ち入りを決意しそうにない。若気の至りで事を急いでいると思っているらしいが、赤穂城を離散したときに願っていたことは一二月一一日で決着がついている。上野介は今は本所にいるが、今後どうなるかわからない。あなた方が内蔵助と相談すべき時だと思う」と述べている（「堀部筆記」）。つまり、上野介の隠居と義周の家督相続が許可された時点で、採るべき道は討ち入りしかないと認識しているのである。

また、この四日前に内蔵助の叔父小山源五左衛門に宛てた書状で安兵衛は、城を明け渡した際、大学が赤穂藩をそのまま相続したとしても、上野介への処罰がない限り納得できないということで合意していたとし、内蔵助と手を切ることも潮田たちと話し合っていると書いている。内蔵助が同意しなくても二〇人いれば、三月中に吉良邸へ討ち入り、吉良父子の首が取れると考えているのである（「堀部筆記」）。

安兵衛は小山を通じて内蔵助に圧力をかけようとしたが、上方の情勢に変化の兆しはみえなかった。一月一七日、大高が安兵衛たちに送った手紙によれば、原と大高は一月九日、京都に到着し、早速内蔵助の元へ行って安兵衛の考えをあらまし伝えた。一一日には小山・進藤源四郎・岡本次郎左衛門・小野寺十内・原・大高が集まって相談、さらに一四日には山科衆・伏見衆と京都瑞光院《ずいこういん》の内匠頭墓所へ参詣した帰り、藩医寺井玄渓《てらいげんけい》宅で会合を開いている。上野介が隠居した以上「是切《これきり》の事との覚悟」はあるが、急いで討ち入ろうということではまとまらなかったという。大高は「何共々々なまにへ《（生煮え）》」と記しており、彼らの煮え切らない態度に落胆している。もうひとつ興味深いのは、大高が「仲間だと思っていた小山はもってのほかの了簡で、『内マタ膏薬《こうやく》』だ」と批判していることである（「堀部筆記」）。つまり、あちらについたりこちらについたり、定見がない人物とみているのである。小山は閏八月になって離脱するのだが、この頃から討ち入りを主張するメンバーとは考え方のずれがあったのかもしれない。

### 原惣右衛門と安兵衛の動向

原は一月二四日に安兵衛たちに宛てた書状で、上方衆は三回集まったのにもかかわらず、さっぱり埒《らち》が明かない有様で、安兵衛が上京しても出費がかさむだけだから、当分上京は見合わせてほしいと伝えている。安兵衛や原の討ち入り案を理解している者として、小野寺幸右衛門・岡野金右衛門・大高源五・潮田又之丞・中村勘助・岡嶋八十右衛門・千馬三郎兵衛・中村清右衛門・中田理平次・矢頭右衛門七の名前があがっており、早水藤左衛門は備中《びっちゅう》へ暇乞《いとまご》いに行ったらしいと記されている。大学の処分が決まってから主だった者が切腹するか、大学の処分以前に討ち入りするか、原は内蔵助に二者択一を迫ったらしい。原自身は大学を気にすることなく討ち入るべきであるとの考えを持っており、吉田忠左衛門・近松勘六が江戸へ下向して、安兵衛と諸々の相談をしてから決めたいと述べている（「堀部筆記」）。

さらに、大高源五が二月三日付けで堀部たち三人に宛てた書状では、思いのほか上方衆で討ち入りに賛成する者が少なく、今後の風向き次第でどう転ぶかわからない者ばかりであるとし、「上方侍の面目《めんぼく》」がなく江戸の安兵衛たちに申し訳ないと書いている。この時点で内蔵助は、閉門はたいてい三年なので、三回忌を過ぎても進展がなければ宿意を果たす、と述べたらしい。安兵衛はこの書状の写しをしたためたあと、次のように心境を述べている。

上方筋の面々が残らず内蔵助の方針に同調した以上、こちらから討ち入りの決心をするよう所存を述べても、賛意は得られないだろう。六、七人ほどで吉良邸へ討ち入っても、本望を遂げることは難しく、自分たちのことだけを考えてそのような行動に出たと言われては、かえって心外である。結局、討ち入りをしたいという気持ちを捨てられない以上、待ちにくいところを待ち、恥を大いに感じながら時節を待つのも、勇気かもしれない。（「堀部筆記」）

結局、二月一五日の山科会議では、「大学の処分を待って事を起こす」という内蔵助の考えに従うことが決議されている。原・潮田・大高・中村は二月二一日に安兵衛と奥田に宛てて、赤穂離散以来一緒にやってきた内蔵助を外すことはできないので、しかたなく内蔵助の意見に従うことにしたと書いている（「堀部筆記」）。内蔵助は事実上「人前」論を撤回し、三回忌まで待つという新たな条件を提示したわけだが、安兵衛のみならず原たちまでがこの案を受け入れざるを得なかったのは、討ち入り賛同者が集まらず、上方衆の人数が必要だったからにほかならない。

## 内部分裂の危機

しかし、四月になると内部分裂の兆しが見え始める。四月二日に原は安兵衛・奥田に宛てた書状で、群れを離れ少人数で討ち入りたいと、胸の内を明かしている。また、内蔵助を始めとする上方衆を排除して討ち入れば、大学への処分もないだろうとふんでいる。そして、同志を募れば一四、五人は集まるだろうと予想している。候補にあがっているのは、原・安兵衛・奥田のほか、武林唯七・大高・潮田・中村・岡野、それに小野寺幸右衛門・倉橋伝助・田中貞四郎の一一人なので、このほかの候補者は三、四人という計算になる。原は「旧冬」以来、別行動をしたいと考えていたとし、安兵衛たちが賛成するかどうか返事を待った。安兵衛は、もっともな考えでありこれにすぎる本望はない、として七月中に江戸へ下向するのを待っていると述べた。覚悟の者が一四、五人いれば本望は達せられるだろうとも回答している。

さらに大高・潮田は、安兵衛・奥田に宛てた五月一七日付けの書状で、討ち入りの延期に大高が同意したと聞いて、武林が頭ごなしに大高を腰抜け呼ばわりし、涙を流して立腹したため喧嘩別れになったと知らせている。すでに述べたように、前年一一月一〇日、討ち入りを翌年三月にすると仮決定していた。おそらく武林は、吉良家の家督相続が決定した以上、三月に討ち入りを決行するのは当然と考えたのだろう。

書状によれば武林は、「最初からそのような心づもりでいたのだろうと予想していたが、時々潔い言葉を口にするので本気なのかと思っていた。案の定、今になって化けの皮が剝がれた」などと、ゆるしがたい悪口雑言を吐いたという（「堀部筆記」）。

安兵衛は五月一九日に早水藤左衛門へ宛てた書状で、「宿所の手配は自分がするので、すぐに内蔵助と会って下向の相談をし、潮田又之丞へもこの手紙を届けるように」と書いている（堀部安兵衛書状〈29〉）。それとすれ違いに、内蔵助は五月二一日に堀部父子・奥田父子に宛てて、「長引いて退屈だろうが、来年三月を過ぎれば江戸へ下向する所存である」と伝えている（大石内蔵助書状〈30〉）。しかし、安兵衛・奥田と原・大高らが急接近して、討ち入りを実行に移す作戦が錬られている中、もはや内蔵助の意見は受け入れられるところではなかった。

安兵衛は六月一二日、原・潮田・中村・大高・武林に宛てて、上野介にもはや処罰が下る可能性はなく、討ち入りを長引かせるのは害になるだけであるとし、一〇人で本望は達せられると鼓舞《こぶ》している。大学が赦免されて御家が再興されれば、大学に仕えたいと思っている者は江戸にもおり、このような了簡違いの武士は「腰が立たない」言語道断の者であると喝破する。そして、待たされたあげくに殉死《じゅんし》をするくらいなら、吉良邸を襲撃して討死することで志を示すほかないと心情を吐露している（「堀部筆記」）。

覚悟を決めた安兵衛は六月一八日に江戸を発ち、六月末に京都に到着、内蔵助と別れて討ち入ることを原・大高と相談した。まさに浪士たちは分裂の危機に瀕していた。

## 萱野三平の悲劇

これまで述べてきたような動きの一方、萱野三平が思いもかけず自殺をした。年が明けた一月のことである。萱野は内蔵助と父親に宛てて遺書を残していた。内蔵助には、「去年の冬から吉田忠左衛門・近松勘六と申し合わせ、今年の春に江戸へ下向するつもりでいたが、父七郎左衛門から下向を堅く禁止された。理由をうち明ければ父は喜ぶとは思うが、内蔵助へ提出した神文の手前、たとえ父子であっても討ち入りを口外できず、忠孝の間で苦しみ自殺する」と述べている。父親宛ての遺書でも、「父の意向に従えば忠義を忘れたようになり、忠義を立てようとすれば不孝の罪となる。そこで自殺を決心した」とあり、忠をとるか孝をとるか迫られて、出した結論が自殺であったことがわかる（萱野三平書状〈24〉）。

萱野は「今年の春に江戸へ下向するつもりでいた」と書いているから、元禄一四年の「仮に来年の三月を決行としよう」との取り決めを真剣に受け止めていたことがわかる。

忠孝については後に触れるが、浪士たちがみな萱野と同じく、忠孝の間で苦しんでいたわけではない。年老いた両親の世話をするか、両親を置いて討ち入りに参加するかは、たしかに二者択一の問題であるが、矢頭右衛門七のように、病に倒れて討ち入りに参加できない父親の願いを受けて、父の代わりに討ち入った者もいる。また、討ち入りは参加者本人のみならず一家の名誉になるとして、結局は親への孝行・先祖の名誉につながると考える者が多い。萱野は一義を口外してはならないという神文を律儀に守ってこのような結末を迎えたが、親子兄弟で討ち入りに参加した者は家族に「口外」していたし、ごく親しい者に討ち入りをほのめかしていた浪士もいた。萱野が他の盟約者に相談していれば、あるいは彼の人生も変わっていたかもしれない。

# 大学の広島藩差し置きと円山会議

### 大学の広島藩差し置き

七月一八日、浅野大学が閉門を解かれ処分が決まる。本藩広島藩に差し置きとする、という決定は、もはや大学による浅野家再興の望みはなくなったことを示していた。大学はすぐに広島藩の桜田向屋敷《さくらだむかいやしき》へ移り、木挽町《こびきちょう》の屋敷は召し上げられている。内蔵助に大学の広島藩差し置きの知らせが届いたのは、約一週間後の七月二四日のことである。内蔵助はその日のうちに横川勘平を、翌日には小野寺十内・小山源五左衛門を江戸へ派遣した。

ところが安兵衛はこの頃、上方にいたのである。先に述べたように、安兵衛は原や大高と書状のやりとりを重ね、吉良家が処分される可能性がなくなったにもかかわらず、討ち入りに踏み切らない内蔵助に見切りをつけ、内蔵助と別れて討ち入りを決行しようとしていた。そこに飛び込んできたのが、大学の広島藩差し置きという知らせである。内部分裂寸前にあった安兵衛・原たちと内蔵助との採るべき道は、もはや一つしかなかった。一般に円山会議と呼ばれる会合が開かれたのは七月二八日であった。

## 円山会議

この時、円山会議に出席したのは一九人。あらかじめ会合の約束があったわけではないから、参加者はたまたまそのとき京都周辺にいた人物である。横川勘平のように、江戸へ行って留守にしていた者もいる。しかし、一九人のうち大石内蔵助、大石主税、大石瀬左衛門、潮田又之丞、小野寺十内、小野寺幸右衛門、岡野金右衛門、大高源五、間瀬久太夫、間瀬孫九郎、原惣右衛門、貝賀弥左衛門、堀部安兵衛、武林唯七、不破数右衛門、矢頭右衛門七、三村次郎左衛門の一七人は討ち入りに参加しており、四十七士の三六%がここに含まれていたことになる。

残りの二人は後に離脱した大石孫四郎と岡本次郎左衛門である。大石家系図によれば、大石孫四郎は内蔵助の曾祖父の弟の孫で、内蔵助の叔父小山源五左衛門の娘婿であり、大石瀬左衛門と兄弟である。岡本次郎左衛門は御家再興運動にあたって、原惣右衛門と一緒に京都普門院に派遣された経験もあり、前年一〇月に内蔵助が江戸へ下向したときも、奥野将監・河村伝兵衛・中村清右衛門と一緒に、江戸まで同道した人物である（ちなみにこのときの四人は全員、討ち入りに参加しなかった）。

こうして、その後三〇〇年以上にわたって語り継がれる吉良邸への討ち入りが決定したのである。歴史をあとからみれば、討ち入りは用意周到に準備された計画の実行にみえるかもしれない。しかし、リアルタイムの感覚で彼らの行動を分析すれば、内蔵助も含めたメンバーでの討ち入りとは、ある種「棚からぼた餅」のようにふってわいた結論であった。もし大学の処分決定があと半年遅れていれば、おそらく安兵衛や原・大高たちを中心とする少人数で、討ち入りが決行されていただろう。歴史のなせるわざというべきか、ともかくこれ以降、彼らは討ち入りに向かって一本道を歩き続けることになる。

## 二つの転機

浪士たちにとって転機は二つあった、第一は上野介の隠居と義周の家督相続、第二は大学の広島藩差し置きである。それまで内蔵助の御家再興論に同調していた者も、この二つの事態に直面して自分の採るべき道を真剣に考えなければならなくなった。

内匠頭は切腹・御家断絶という処分を承知した上で殿中刃傷に及んだ。主君自身が祖父伝来の所領と御家を捨てた以上、亡君の恨みを晴らすには、吉良邸に討ち入って上野介の首をとる以外に道はなく、御家再興は問題外である。安兵衛は当初からこのように考えていたが、討ち入りに同意する浪士がほとんどいなかったために、討ち入りを仮に元禄一五年三月とした内蔵助との取り決めに、やむなくしたがうのである。したがって、上野介の隠居と義周の家督相続を聞いた途端、討ち入りを実行に移す時期が到来したと理解する。

次に「人前《ひとまえ》」論に立つ場合。すなわち吉良家の処分と大学による御家再興の二つを条件としたときには、御家再興の有無にかかわらず、吉良側に何らかの処分がされない限り「片落ち」の状態は解消されず、大学の「人前」は成り立たない。したがって、本来は第一の時点、つまり上野介の隠居と義周の家督相続が決定した時点で、討ち入りが射程に入るはずである。原や大高たちはこう考えた。原が冬から別行動を考え始めたり、大高が一月に山科衆・伏見衆の煮え切らない態度を批判したのは、討ち入りを選択する時節をこのように考えていたからである。

しかし実際には、「人前」論を唱えた内蔵助は途中で方向転換した。御家再興を優先して考えれば、吉良家の跡目相続が認められても浅野家が再興されれば、結果としては内匠頭が刃傷の責任をとって切腹した形となる。本来なら吉良家の跡目相続が認められた時点で、内蔵助が考えていたような大学の「人前」は成り立たなくなったわけだから、内匠頭の三回忌まで待つという新たな提案をする必要はなかったはずである。内蔵助はこのとき「人前」論を捨てたということになる。

内蔵助は一貫して大学の御為第一を主張したが、御家再興と討ち入りはもともと相容れない事柄である。大学による浅野家再興が実現すれば、原が言っていたように元家臣には奉公する者もでてくるし、主だった責任者たちは切腹するだろう。内匠頭の跡式ではなく、たとえば大学が以前と同じく旗本として復活したとしても、討ち入りは浅野家の名跡を絶やすことになるから、大学の「御為」を考えるのであれば切腹するしか道はない。しかし追腹《おいばら》を切れば、幕府が禁止している殉死とみなされる可能性がある。討ち入りする必然性もなくなるので、万一討ち入った場合は、御家再興を長い間待っていた苦労は水泡に帰すだろう。御家再興以前に討ち入れば、それを理由に大学による浅野家復活は認められない。

内蔵助は大学の安否を第一とし、その結果を待ってから討ち入りをするとしたが、それは御家再興が実現しない場合にのみ可能な選択肢だったのである。

# 盟約からの離脱と討ち入り参加者の名誉意識

## 討ち入りを期待された者のゆくえ

### 神文回収と討ち入り参加期待の者

八月には、横川勘平が江戸の同志から、貝賀弥左衛門と大高源五が京・大坂・播磨《はりま》などの同志から、それぞれ神文判形《しんもんはんぎょう》を回収し、神文提出者から討ち入りに参加する者を絞り込む作業がはじまった。敵討《かたきうち》をやめるほかないと説明して神文を返し、これを受け取った者は盟約からはずし、受け取りに抵抗するなどして志あるとみられた者を残す方法をとったのである。討ち入りに参加する意志を持ちながら、諸事情でそれが果たせなかった者もいれば、この時点では討ち入り参加を表明していたのに、あとで離脱した者もいる。

安兵衛は「前簾《まえかど》赤穂に於いて神文指し出し候面々」として、四八人とその嫡子一六人、並びに「山科《やましな》に於いて重ねて判形の面々」として、五〇人の名前を記している（「堀部筆

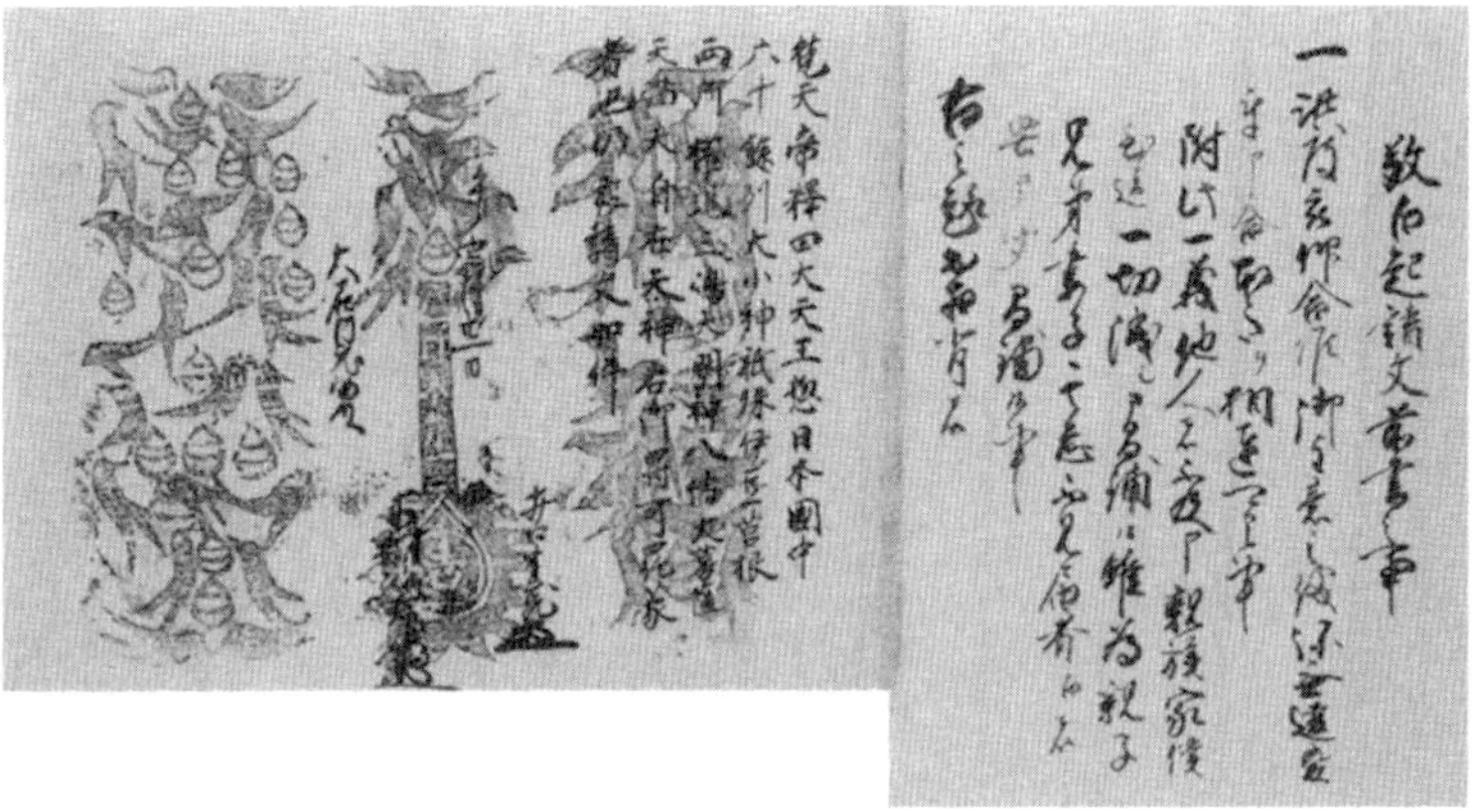

図6　井口半蔵・木村孫右衛門連署起請文（元禄15年4月21日付け大石内蔵助宛て．赤穂市立歴史博物館所蔵）

記」）。元禄一五年三月初めの書状のあとに書かれていることから、安兵衛は三月に討ち入りを決行するつもりで、討ち入り参加の候補者を考えていたのではないだろうか。ただし、このリストの両方に載っているのに離脱した者もいるし、どちらのリストにも載っていないのに参加した者もいる。また、安兵衛の父弥兵衛は「堀部金丸覚書」の中で、九四人の名前をあげており、元禄一五年正月〜三月ごろ書かれたと考えられている。

神文は、赤穂城明け渡し前後（元禄一四年四〜五月）と、大石が江戸に下り仮に討ち入りを三月にするとしたあと（一四年一二月）に、行動をともにすることを誓うかたちで行われたらしい。円山《まるやま》会議から八月初旬にかけての段階で神文を提出していたのは、一二〇人ほどであったとも言われる。

図6は、井口半蔵・木村孫右衛門が連名で作成した起請文である。ここには、「このたびの相談の御主意を間違いなく申し合わせ、本意を達すること。一儀については他人はもちろん、親族や家僕に至るまで一切もらさず、親子・兄弟・妻子であっても、意見を明確にしていない者へは決して伝えないこと」と書かれているが、吉良邸へ討ち入るとは明記されていない。したがって、人によって理解が異なっていた可能性もある。また、浪士同士で頻繁にやりとりをしていた者もいれば、城明け渡し以後の議論を知らない浪士もいただろう。一人一人に会って意思を確認したのは、そのような事情を勘案してのことと思われる。

## 離脱の特徴

盟約から離脱し、討ち入りに参加しなかった者について、次に表5～7を検討しよう（ここには寺坂吉右衛門は含まれていない）。

離脱時期、人間関係、居場所、主従関係、傍輩関係などの視点から分析してみる。まず離脱の時期がわかっている者についてみると、八月が七人、閏八月が一四人、九月が八人、一〇月が二人、一一月が六人、一二月が三人である。ただし、ばらばらではなく数人の固まりで離脱する例が多く、三人以上の場合は、在住していた場所あるいは親族単位である。八月一五日に離脱した五人のうち四人は「在赤穂」だし、閏八月一〇日の三人はいずれも

「在京」で、小山源五左衛門・弥六親子とその従弟の進藤源四郎である。閏八月一二日の四人のうち三人は「在丸亀《まるがめ》」で長沢六郎左［右］衛門と長沢幾右衛門は親族関係にあると考えられる。同様に、九月五日に離脱した六人のうち四人は「在伏見《ふしみ》」で、田中序右衛門と田中代右衛門も親族と思われる。

表5に掲載されたのは一二六人だから、足軽《あしがる》以下を除き、赤穂藩士と士分《しぶん》の子や隠居《いんきょ》などを合わせた三百数十人のうち、当初は三分の一以上が神文を提出、あるいは参加が期待されると考えられていたわけである。そこから最終的に四六人（足軽の寺坂は含まれていない）になるから、八〇人強が離脱したことになる。前年の侍帳から役職や石高がわかっている者をみると、番頭奥野将監の一〇〇〇石を例外とすれば一〇〇～三〇〇石の者が多く、四〇〇石取りも三人いる。高禄の者ほど数が少ないという家臣団のピラミッド構造を考えれば、まず一二六人になる段階で下級武士が相対的にいなくなり、一二六人から四六人になる段階で比較的高禄の者が離脱したことになる。

最初から多くの下級武士が行動を共にしなかったのは、彼らが武士をやめて町人になって生計を立てたり、他で奉公できる可能性があったりしたからだろう。それに対し、大学の広島藩差し置きにより御家再興の望みが絶えた時点で、比較的高禄の者が離脱したのは、彼らが御家再興により再度浅野家へ奉公したいと望んでいたためだと考えられる。

表5　討ち入り参加期待の者と離脱者

| 氏名 | 参加 | 日付 | 居場所 | 人間関係 | 元禄一三年の格・禄・職 |
|---|---|---|---|---|---|
| 小野寺十内 | ○ | | 在京 | | |
| 近松勘六 | ○ | | 在京 | | |
| 潮田又之丞 | ○ | | 在京 | | |
| 早水藤左衛門 | ○ | | 在京 | | |
| 大高源五 | ○ | | 在京 | | |
| 貝賀弥左衛門 | ○ | | 在京 | | |
| 武林唯七 | ○ | | 在京 | | |
| 小野寺幸右衛門 | ○ | | 在京 | | |
| 灰方藤兵衛 | △ | 8・23 | 在京 | 小野寺十内妻の兄 | 馬廻一五〇石 |
| 進藤源四郎 | △ | ⑧・10 | 在京 | 大石内蔵助違従弟(大叔母子) | 足軽頭四〇〇石 |
| 小山源五左衛門 | △ | ⑧・10 | 在京 | 大石内蔵助叔父 | 足軽頭三〇〇石 |
| 小山弥六 | △ | ⑧・10 | 在京 | 部屋住 | |
| 平野半平 | △ | ⑧・24 | 在京 | | 馬廻二〇〇石 |
| 杉浦順右衛門 | △ | 9・5 | 在京 | | 馬廻一〇〇石 |
| 井口忠兵衛 | △ | 9・17 | 在京 | | 馬廻二五〇石 |
| 佐々小左衛門 | △ | 10・1 | 在京 | | 足軽頭二〇〇石 |
| 河村伝兵衛 | △ | | 在京 | | 足軽頭四〇〇石 |
| 近藤新五 | △ | | 在京 | | 中小姓三〇石三人扶持 |
| 三輪喜兵衛 | △ | | 在京 | | 山奉行六両三人扶持 |
| 三輪弥九郎 | | | 在京 | | |
| 小幡弥右衛門 | | | 在京 | | 馬廻一〇〇石 |

| | | | | | |
|---|---|---|---|---|---|
| 菅谷半之丞 | ○ | | 在伏見 | | |
| 田中権右衛門 | △ | ⑧・7 | 在伏見 | | 大目付一五〇石役高一〇石 |
| 岡本次郎左衛門 | △ | ⑧・9 | 在伏見 | | 組外二〇〇石役高七〇石 |
| 糟谷勘左衛門 | △ | ⑧・9 | 在伏見 | | 用人二五〇石役高二〇石 |
| 糟谷五左衛門 | △ | 9・5 | 在伏見 | 部屋住 | |
| 田中序右衛門 | △ | 9・5 | 在伏見 | | |
| 田中代右衛門 | △ | 9・5 | 在伏見 | | 馬廻(奥野組)一〇〇石 |
| 近松貞六 | △ | 9・5 | 在伏見 | | 馬廻(奥野組)一〇〇石 |
| 山羽理左衛門 | △ | | 在伏見 | | 在々奉行一〇〇石五人扶持 |
| 岡本喜一郎 | | | 在伏見 | | |
| 原惣右衛門 | ○ | | 在大坂 | | |
| 千馬三郎兵衛 | ○ | | 在大坂 | | |
| 矢頭右衛門七 | ○ | | 在大坂 | | |
| 嶺善[喜]左衛門 | △ | 9・19 | 在大坂 | | 御膳番元方一〇〇石 |
| 中村清右衛門 | △ | 11・2 | 在大坂 | | 御膳番元方一〇〇石 |
| 原兵太夫 | △ | 11・欠 | 在大坂 | | |
| 中田理平次 | △ | 10・20欠 | 在大坂 | | 馬廻一〇〇石 |
| 間喜兵衛 | ○ | | 在赤穂 | | |
| 岡野金右衛門 | ○ | | 在赤穂 | | |
| 岡嶋八十右衛門 | ○ | | 在赤穂 | | |
| 間重次郎 | ○ | | 在赤穂 | | |
| 茅野和助 | ○ | | 在赤穂 | | |
| 榎戸新助 | △ | 8・15 | 在赤穂 | | 御膳番元方一〇〇石 |
| 前野新蔵 | △ | 8・15 | 在赤穂 | | 在々奉行一五〇石 |

| | | | | | |
|---|---|---|---|---|---|
| 井口半蔵 | △ | 8・15 | 在赤穂 | | 使番二〇〇石 |
| 木村孫右衛門 | △ | 8・15 | 在赤穂 | | 宗門改奉行二〇〇石 |
| 梶半左[右]衛門 | △ | 9・5 | 在赤穂 | | 中小姓五両一〇人扶持 |
| 各務八右衛門 | △ | | 在赤穂 | | 中小姓二〇石五人扶持 |
| 生瀬十左衛門 | △ | | 在赤穂 | | 中小姓二〇石三人扶持 |
| 大田三郎右衛門 | △ | | 在赤穂 | | |
| 大塚藤兵衛 | △ | | 在赤穂 | | |
| 鈴田重八 | △ | 11・2 | 在赤穂 | | 児小姓三〇石 |
| 矢野伊助 | △ | 12・3欠 | 在赤穂 | | |
| 佐藤伊右衛門 | | | 在赤穂 | | 足軽頭三〇〇石 |
| 渡辺半右衛門 | | | 在赤穂 | 武林唯七兄 | |
| 吉田忠左衛門 | ○ | | 在加東・姫路亀山 | | |
| 間瀬久太夫 | ○ | | 在加東・姫路亀山 | | |
| 木村岡右衛門 | ○ | | 在加東・姫路亀山 | | |
| 吉田沢右衛門 | ○ | | 在加東・姫路亀山 | | |
| 間瀬孫九郎 | ○ | | 在加東・姫路亀山 | | |
| 多芸太郎左衛門 | △ | ⑧・20 | 在加東・姫路亀山 | | 中小姓頭二〇〇石 |
| 渡辺角兵衛 | △ | | 在加東・姫路亀山 | | 在々奉行一五〇石 |
| 高田[谷]儀左衛門 | △ | | 在加東・姫路亀山 | | 馬廻(奥野組)一〇〇石 |
| 高久長右衛門 | △ | | 在加東・姫路亀山 | | 馬廻(奥野組)二〇〇石 |
| 上島弥助 | △ | | 在加東・姫路亀山 | | 御膳番元方一五〇石 |
| 渡辺左野右衛門 | | | 在加東・姫路亀山 | 部屋住 | |
| 河村太郎右衛門 | | | 在加東・姫路亀山 | 部屋住 | |
| 山城金兵衛 | | | 在加東・姫路亀山 | | |

| | | | | | |
|---|---|---|---|---|---|
| 大石瀬左衛門 | ○ | | 在奈良 | | |
| 大石孫四郎 | △ | ⑧・12 | 在奈良 | 大石瀬左衛門兄 | 馬廻三五〇石 |
| 幸田与三右［左］衛門 | △ | ⑧・28 | 在奈良 | | 在々奉行二〇〇石 |
| 長沢六郎左［右］衛門 | △ | ⑧・12 | 在丸亀 | | 組外三五〇石 |
| 長沢幾右衛門 | △ | ⑧・12 | 在丸亀 | | |
| 里村津右衛門 | △ | 8・ | 在丸亀 | | 舟奉行一五〇石 |
| 山上安右［左］衛門 | △ | ⑧・12 | 在丸亀 | | 馬廻二〇五石（ママ） |
| 片岡源五右衛門 | ○ | | 在江戸 | | |
| 礒貝十郎左衛門 | ○ | | 在江戸 | | |
| 冨森助右衛門 | ○ | | 在江戸 | | |
| 赤埴源蔵 | ○ | | 在江戸 | | |
| 奥田孫太夫 | ○ | | 在江戸 | | |
| 矢田五郎右衛門 | ○ | | 在江戸 | | |
| 中村勘助 | ○ | | 在江戸 | | |
| 倉橋伝助 | ○ | | 在江戸 | | |
| 村松喜兵衛 | ○ | | 在江戸 | | |
| 杉野十平次 | ○ | | 在江戸 | | |
| 勝田新左衛門 | ○ | | 在江戸 | | |
| 前原伊助 | ○ | | 在江戸 | | |
| 奥田貞右衛門 | ○ | | 在江戸 | | |
| 村松三太夫 | ○ | | 在江戸 | | |
| 神崎与五郎 | ○ | | 在江戸 | | |
| 横川勘平 | ○ | | 在江戸 | | |
| 松本新五左衛門 | △ | | 在江戸 | | 江戸給人一〇〇石 |

| | | | | | |
|---|---|---|---|---|---|
| 田中貞四郎 | △ | 11・7 | 在江戸 | | 手廻物頭一五〇石 |
| （補遺） | | | | | |
| 大石内蔵助 | ○ | | | | |
| 大石主税 | ○ | | | | |
| 堀部弥兵衛 | ○ | | | | |
| 堀部安兵衛 | ○ | | | | |
| 不破数右衛門 | ○ | | | | |
| 間新六 | ○ | | | | |
| 三村次郎左衛門 | ○ | | | | |
| 酒寄作右衛門 | △ | 8・15 | | | 江戸給人一五〇石扶持四人半 |
| 多川九左衛門 | △ | ⑧・15 | | | 持筒頭四〇〇石 |
| 奥野将監 | △ | | | | 番頭一〇〇〇石 |
| 井口庄大夫 | △ | | | | |
| 久下織右衛門 | △ | | | | |
| 土田三郎右衛門 | △ | | | | 小買物役七両三人扶持 |
| 野々村 | △ | | | | |
| 高谷浅右衛門 | △ | | | | |
| 月岡次右衛門 | △ | 11・22 | | | 歩行小姓頭三〇〇石 |
| 小山田庄左衛門 | △ | 11・29欠 | | | 江戸給人一〇〇石 |
| 瀬尾孫左衛門 | △ | 12・3 | | 内蔵助家来 | |
| 毛利小平太 | △ | 12・11 | | | |
| 田中太郎右衛門 | | | | | |
| 田中六郎左衛門 | | | | | |

| | | | | | |
|---|---|---|---|---|---|
| 橋本治兵衛 | | | | | 戸嶋新浜普請奉行五両三人扶持 |
| 大島弥助 | | | | | |
| 豊田八太夫 | | | | | 中小姓二〇石三人扶持 |
| 陰山宗兵衛 | | | | | 中小姓一五両三人扶持 |
| 佐藤兵左衛門 | | | | 部屋住 | |
| 稲川十郎右衛門 | | | | | 鑓奉行二二二石(ママ) |
| 仁平[木]郷右衛門 | | | | | 馬廻一〇〇石 |
| 川田[口]八兵衛 | | | | | 馬廻一〇〇石 |
| 猪子兵左衛門 | | | | | |
| 井[猪]子利兵衛 | | | | | |
| 野瀬十左衛門 | | | | | |

『忠臣蔵』第一巻（兵庫県赤穂市、一九八九年）の表をもとに加筆。〇は討ち入り参加メンバー。△は神文を提出して離脱した者。参加の有無で空欄になっているのは、神文を提出していたと思われるが不参加だった者。日付は神文返却もしくは不参加申し出の日。⑧は閏八月を指す。欠は欠落の日を示す。月日については史料により違うものもある。居場所については、堀部弥兵衛があげた討ち入り参加期待の者で元禄一五年一～三月の居場所を反映したもの。元禄一三年の格・禄・職は「元禄十三年辰三月廿有七日　播州赤穂城主　浅野内匠頭侍帳」（『大石家義士文書』赤穂義士史料集三）をもとにした。

次に居場所と参加・不参加の関係だが、表6をみると「在江戸」の参加率が圧倒的に群を抜いて高い。上方から江戸へ下る段階で、討ち入りの覚悟はある程度できているからだろう。以下、大坂・京都とつづく。大坂には原惣右衛門、京都には小野寺十内がいたから、浪士の意思が比較的まとまっていた可能性がある。また加東郡《かとうぐん》は吉田忠左衛門が郡代を勤

表6　居場所と参加・不参加の関係

| 居場所 | 合計 | 討ち入り参加者 | 神文提出者で不参加 | 神文未提出で不参加 | 参加率(%) |
|---|---|---|---|---|---|
| 在京 | 21 | 8 | 11 | 2 | 38 |
| 在伏見 | 10 | 1 | 8 | 1 | 10 |
| 在大坂 | 7 | 3 | 3 | 1 | 43 |
| 在赤穂 | 18 | 5 | 11 | 2 | 28 |
| 在加東・姫路亀山 | 13 | 5 | 5 | 3 | 38 |
| 在奈良 | 3 | 1 | 2 | 0 | 33 |
| 在丸亀 | 4 | 0 | 4 | 0 | 0 |
| 在江戸 | 18 | 16 | 2 | 0 | 89 |
| 補遺分 | 34 | 7 | 13 | 14 | 21 |
| 計 | 128 | 46(36%) | 59(46%) | 23(18%) | |

表5をもとに作成．ただし，足軽寺坂吉右衛門は入れていない．

めていたところであり、一三人中五人が参加している。逆に「在伏見」で参加したのは、内蔵助を除くと萱谷半之丞ただ一人にすぎない。

さらに家臣団での主従関係あるいは傍輩関係も影響を与えていたと思われる。城明け渡しの段階で、内蔵助は奥野将監以下、番頭・物頭で追腹を切ると表明した者に判形させ、次にその配下の者からも判形をとるという手順を踏んでいた。つまり、家臣団の命令系統にしたがって、騒然としていた家臣を掌握しようとしたのである。したがって、頭が離脱したのに応じて、その配下の者が離れるのも理解できる。番頭の奥野将監組では、馬廻の近松貞六・田中代右衛門・高田［谷］儀左衛門・高久長右衛門が離脱しているが、これは頭の奥野将監が不参加を決めたことが影響しているだろう。あるいは、在々奉行の山羽理左衛門・前野新蔵・渡辺角兵衛・幸田与三右衛門のように、同じ役職にある者が離脱する場合もある。

最後に、討ち入り参加者の親類のうち、内匠頭の家来だったが討ち入りに参加しなかった者についてみてみよう。表7には三二人があげられているが、このうち神文を提出した後に離脱したのは一四人である。また親族関係を調べてみると、討ち入り参加者の主要な四つの親族グループである大石グループ・小野寺グループ（小野寺・間瀬・中村）・吉田グループ（岡嶋）・奥田グループ（近松）で一四人、それ以外の者も、杉野一族が五人、不破一族が四人、武林一族が二人、木村一族が二人、片岡一族が二人、間一族が二人などとなっており、親族関係に偏りがみられる。

## さまざまな離脱者

討ち入り不参加を決めた者にはさまざまな事情があったと考えられる。浅野家が再興されて、以前のように家臣として奉公することを考えていた者もいれば、養っていかねばならない家族のことを考えて、やむなく参加をあきらめた者もいただろう。九月一日、烏山《からすやま》藩主永井直敬《なおひろ》が赤穂に転封《てんぽう》を命じられ、一一月三日、赤穂城の在番を担当していた龍野《たつの》藩から城を受け取った。討ち入り参加者の親類書に記載されている者のうち、この新領主に奉公したのは、前原伊助の従弟長野源兵衛だ

表7　討ち入り参加者の親類で不参加の者

| 討ち入り参加メンバー | 関係 | 氏名 | 神文提出後離脱の有無 |
|---|---|---|---|
| 【大石グループ】 | | | |
| 大石内蔵助 | 叔父 | 小山源五左衛門 | ○ |
| 大石瀬左衛門 | 兄 | 大石孫四郎 | ○ |
| 大石瀬左衛門 | 従弟 | 奥野将監 | ○ |
| 大石瀬左衛門 | 従弟 | 奥野弥一兵衛 | × |
| 大石瀬左衛門 | 従弟 | 山上安左衛門 | ○ |
| 大石瀬左衛門 | 従妹の夫 | 河村伝兵衛 | ○ |
| 【小野寺グループ】 | | | |
| 間瀬久太夫娘、中村勘助従妹の夫 | | 三木団右衛門 | × |
| 間瀬久太夫 | 姪の夫 | 甲斐喜大夫 | × |
| 間瀬久太夫従弟、小野寺十内従弟 | | 多川九左衛門 | ○ |
| 小野寺十内妻の兄、小野寺幸右衛門伯父 | | 灰方藤兵衛 | ○ |
| 中村勘助 | 娘の夫 | 大野瀬兵衛 | × |
| 中村勘助 | 従弟 | 三橋貞八 | × |
| 【吉田グループ】 | | | |
| 岡嶋八十右衛門 | 従弟分 | 城戸真右衛門 | × |
| 【奥田グループ】 | | | |
| 近松勘六 | 叔父 | 近藤源八 | × |

| | | | |
|---|---|---|---|
| 【その他】 | | | |
| 杉野十平次 | 伯父 | 萩原兵助 | × |
| 杉野十平次 | 伯父 | 萩原儀左衛門 | × |
| 杉野十平次 | 従弟 | 萩原文左衛門 | × |
| 杉野十平次 | 従妹の夫 | 井上伝八 | × |
| 杉野十平次 | 従妹の夫 | 小川弥五兵衛 | × |
| 不破数右衛門 | 妹の夫 | 上嶋弥助妻 | ○ |
| 不破数右衛門 | 伯父 | 津田又久 | × |
| 不破数右衛門伯父、大石瀬左衛門従妹の夫 | | 長沢六郎右衛門 | ○ |
| 不破数右衛門 | 叔父 | 葛野喜之助 | × |
| 武林唯七 | 兄 | 渡辺半右衛門 | ○ |
| 武林唯七 | 伯父 | 北川伝右衛門 | × |
| 木村岡右衛門 | 従弟 | 大岡藤左衛門 | × |
| 木村岡右衛門 | 小舅 | 牧市左衛門 | × |
| 片岡源五右衛門 | 妻の父 | 八嶋惣左衛門 | × |
| 片岡源五右衛門 | 養父方姉の夫 | 川田八兵衛 | ○ |
| 間喜兵衛 | 妹の夫 | 土田三郎右[左]衛門 | ○ |
| 間喜兵衛従弟、小野寺幸右衛門伯母の夫 | | 里村津右衛門 | ○ |
| 勝田新左衛門 | 姉の夫 | 酒寄作右衛門 | ○ |

「親類書」『忠臣蔵』第三巻（兵庫県赤穂市、一九八七年）より作成。ただし、内匠頭家臣の親類に限定した。

けだが、赤穂藩の元家臣で長野と同じく永井氏の家臣になった者は、ほかにいたかもしれない。

離脱者の中には途中まで積極的に行動していた者もいる。たとえば番頭奥野将監、物頭河村伝兵衛、物頭で内蔵助の大叔母の子進藤源四郎の三人は、赤穂城明け渡しの際、追腹を切る連判状に名を連ねたほか、内蔵助とともに江戸へ下向して、討ち入りを仮に明年三月と決めた芝《しば》での会議にも同席していた。進藤は元禄一五年閏八月八日に内蔵助宛ての書状で、「考えるところがあって離脱することにした。親族として懇意《こんい》にしてもらったのにこのような結果になったのは是非もないが、このたびのお考えは腑《ふ》に落ちない」と述べている（進藤源四郎書状〈39〉）。

内蔵助の叔父で物頭の小山源五左衛門も、閏八月一〇日の口上書で、「皆様の考えと自分の存念が違うので心外だが御手を離れる。自分は一分《いちぶん》の了簡《りようけん》を立てたい」と述べている（小山源五左衛門書状〈41〉）。もっとも「一分の了簡」が具体的にどのような行動を指すのかは不明である。小山は赤穂と山科の両方で神文を提出し、内蔵助も大学の広島藩差し置きの知らせが届くや、小野寺十内と共に小山を江戸へ発たせている。安兵衛は埒が明かない内蔵助に見切りをつけ、二〇人いれば三月中に討ち入りができると、正月に小山へ書状を送っていた。もっとも同じ頃、大高源五は安兵衛に宛てた書状で小山を「内股膏薬」

と批判しており、安兵衛も「小山氏不出来千万の男ぶりのよし、笑止千万、苦々敷く存じ候」と返信しているので、このあたりから行動に変化が見られたのかもしれない（「堀部筆記」）。

後述するように、内蔵助は討ち入りに参加したいと希望していた藩医寺井玄渓の申し出を、八月六日に断っている。その際、原惣右衛門・小野寺十内のほか、河村・進藤・小山を面談させている。内蔵助はこの時点まで、河村・進藤・小山が行動を共にすると考えていたにちがいない。

## 離脱者の書状

そのほか離脱の口上を述べている書状を紹介しよう。

酒寄作右衛門は八月一五日に内蔵助と原に宛てて、春から杖をついて歩く状態で、討ち入りのときは門前までても行く覚悟であったが、このたび大学が赦免されて一分も立ち、家中が異議を挟みがたい事になったと聞いている、と書いている。文面からすると、酒寄は広島藩差し置きよりもさらに重い処分を予想していたため、親戚大名に預けられたことで大学の一分が立ったと理解しているようだ。そのような結果が出た上で討ち入るのは、大学に対して忠義どころか逆心同然を意味し、親類までたたるほどのことだと考えている。酒寄の親類縁者は身分の軽い扶持人で、藩主御成《おなり》のときは道筋の警護を務めたらしい。討ち入りは納得できないので盟約から離脱したい、としている。

考え方が異なるとはいえ、酒寄は討ち入りの成功を願って情報を提供している。「吉田忠左衛門が清水忠大夫の店にいた頃、近所に上杉綱憲の忍びがついていたと聞いており、事を急ぐと相手の網に引っかかるので注意されたい」と書いているのである。また「木村勘右衛門は大学の閉門赦免のあと二度やってきて、何かあったらすぐに知らせてくれと言っていたが、私が離脱するのでそのように心得てほしい」とも述べており、他の家臣と連絡が取れるよう配慮もしている（もっとも木村勘右衛門は討ち入りに参加しなかった）〈酒寄作右衛門書状〈34〉〉。

粕谷勘左衛門と岡本次郎左衛門は連名で、閏八月九日に口上を提出している。「このたびの事で考えるところがあるので、御手を離れたい。一昨日の寄合にも誘ってもらったがこのような次第なので差し控えた」とあるから、参加の確率が高い人物とみなされていたのではないだろうか〈粕谷勘左衛門・岡本次郎左衛門連名書状〈40〉〉。閏八月一二日には、内蔵助の曾祖父の弟の孫にあたる大石孫四郎も離脱している。口上から、孫四郎自身も内蔵助との親類関係を意識していたことがわかる〈大石孫四郎書状〈43〉〉。

一一月になってから離脱を決めた者もいる。鈴田重八は一一月二日に原に宛てて口上をしたためている。母親を兵庫に置いて同志に加わったが、兵庫に居着くことができず難渋しているとの知らせがあり、母親を捨てるか「私の一分」を捨てるかの二者択一を迫られて母親を選んだという（鈴田重八書状〈61〉）。討ち入りまであと一ヵ月余りという時のことであった。

## 対照的な二人

討ち入りに参加しなかった者の中には、参加する別の親族の意向をうけてやむなく盟約からはずれた、武林唯七の兄渡辺半右衛門のような人物もいる。元禄一五年閏八月一一日、武林唯七は兄に宛てて次のような書状を送っている。

自分の願いとしては、まだ奉公をしていない兄には、今度の討ち入りは思いとどまってほしい。（病気の）父平右衛門が死去したら母が一人になるので、丹右衛門に預け、家財道具などを売り払ってその金を母の生計にあて、おなつは奉公にでも出してくれればよい。（中略）

兄弟のうち一人は孝行のために残り、あとを見届けるのがよいと思う。それが心に叶わないのであれば、思い残すことがないようにして切腹すれば、同志も同然ということになる。私が残って看病をしたいが、少年の頃から内匠頭に仕えており「重恩」の身であることを理解してほしい。父親が死亡し、母親一人を捨て置いて兄弟が忠死したとすれば、世間の忠義は立つかもしれないが不孝者と言うものである。

（武林唯七書状〈42〉）

こうして中小姓近習の武林唯七に説得されて、兄は赤穂で両親の面倒をみるのである。

原に宛てた元禄一五年一一月二日の書状によると、中村清右衛門は老母を置いて盟約に加わったが、太郎左衛門（老母の世話を頼んでいる人物と思われる）が自殺を考えていることを上方で聞き、なかば脅迫のような形で討ち入りを断念させられたらしい（中村清右衛門書状〈60〉）。内匠頭の刃傷事件のとき小納戸役だった中村は、用人片岡源五右衛門らと共に内匠頭の遺体を引き取りに行き、泉岳寺で落髪、その年の一一月、内蔵助を囲んだ芝での会議にも同席した人物であった。

離脱者の一人一人には個人的な事情が存在していたのであり、同盟者は彼らがいたからこそ、討ち入りに参加できた側面もあった。しかし、離脱者に対する同盟者の批判は厳しく、その多くが離脱者は臆病者であるという差別感に満ちたものだったのである。

# 離脱者を見る同盟者のまなざし

**離脱者を見るまなざし**

潮田又之丞は討ち入りが差し迫った一二月七日、花岳寺の恵光《けいこう》和尚に宛て、「河村伝兵衛は我々とは考えるところが違うということで、江戸へ下向しなかった。御存知のように、彼とは兄弟同然の間柄だったので残念である」と書いている（潮田又之丞書状〈99〉）。また間重次郎は一一月五日付けの書状で、中田理平次が一〇月二三日の晩、親類の林小左衛門のところへ行くと言って宿所を出たあと、そのまま上京してしまったことをあげ、「憎き奴めで御座候」と嘆いている。重次郎によれば、中田は江戸へ下向するとき金二分しか持ち合わせがなく、自分が三分渡して同道し、江戸でも食費一ヵ月分として二分を、さらに不足分をたしてやったという。中田が下向の途中から健康を損ねたため、江戸で二人の医者をつけて世話をし、一緒に住んでいたにもかかわらず、このように自分をだましたとして、薬代などあわせて一両二、三分の損をしたと書いている（間重次郎書状〈64〉）。浪人暮らしの生活を考えれば、重次郎がこのように言うのも無理はない。

しかし討ち入り参加者の中には、離脱者を痛烈に批判している者もいる。彼らは考えを異にしたため盟約を離れたとは考えられていない。「こしぬけ」「大比興《ひきょう》」「大臆病者」と非難されている。親族に離脱者がいるのは恥であるという認識も共通してみられる。

離脱者への批判は、神文回収直後からはじまっていた。たとえば三村次郎左衛門は、閏八月二〇日の書状で離脱者を批判し、「大分のこしぬけにて、名がきもこのかみ（紙）にはかき（書）つくし（尽）がたく御座候間、その分に仕り候」と書いている（三村次郎左衛門書状〈45〉）。三村は「腰抜け」という言葉を使っているが、離脱者の氏名は書いていない。この時点では知るよしもないのだが、書状を受け取った内蔵助の家来瀬尾孫左衛門が後に離脱したのは、なんとも皮肉なことである。

貝賀弥左衛門が批判しているのは、江戸へ下向してから離脱した者である。一一月一九日の書状では、江戸で資金が残れば伊藤十郎大夫（姪の夫）に渡すつもりだが、持ち合わせの金が少なくなっており、内蔵助からの資金援助も滞って困っていると書かれている。「唯今てぎれ（手切）候えば、こしぬけになり申し候ゆえ」、ほかの事をかえりみていられないとあることからわかるように、生活資金の枯渇《こかつ》が盟約離脱を招き、「腰抜け」と呼ばれるようになる事態を恐れている。そして、城を明け渡す前に去った大野九郎兵衛父子のような者にかかわると、自分の身に批判が及ぶと忠告している。貝賀は江戸から退去した者として、中村清右衛門・鈴田重八・中田理平次・田中貞四郎の四人を挙げている（貝賀弥左衛門書状〈69〉）。

## 「赤城盟伝」の執筆

討ち入り参加者の手による「赤城盟伝《せきじょうめいでん》」の中でも、離脱者の批判が展開されている。一一月八日付けで、神崎与五郎は弟に宛てて次のような手紙を送っている。

変心した人々について、前原伊助が「赤城盟伝」を書いたので、自分は注をほどこした。そちらに送るので一覧されたい。清書しようと思ったが、離脱する者がどんどんでてくるので、そのまま送る。よく聞き合わせた上で清書してほしい。

（神崎与五郎書状〈66〉）

「赤城盟伝」には、同志の名と同時に離脱者の名が書き込まれている（「赤城盟伝」）。彼らが盟約を離れた理由はさまざまであったろうが、ここに書かれた者は臆病者として人々の記憶に残ることになった。神崎は「このたび、離脱した者たちは学問もできたが、結局は死を恐れたのだと思う。人間は死ぬものであるとわかっていて、このような恥辱ある行動ができるものだろうか」と述べている。

神崎は討ち入り二日前の一二月一二日、赤穂の花岳寺へも「前原伊助が記した赤城盟伝に私が注をつけたものを、茅野和助を通じてご一覧下さい」と送っているから、「赤城盟伝」は赤穂で広まったことだろう（神崎与五郎書状〈115〉）。盟約離脱者はそのような環境の中で、討ち入り後も住み続けなければならなかったのである。

### 離脱者への批判と自負―小野寺十内の場合

「赤城盟伝」が江戸でも回覧されていたことは、小野寺十内が一一月一六日に寺井玄渓へ宛てた書状からうかがえる。江戸に着いたとき小野寺は「赤城盟伝」を見せられたらしく、その写しを玄渓に送っており、寺井父子が討ち入りを後世に伝える役割を背負っていたことがよくわかる。小野寺はこの内容について、自分が感じているのとは評価が違うと述べ、離脱者をいくつかに分類して批判している。

小野寺は「今まで身をやつし心を砕《くだ》いて、ひたすら討ち入りのことだけを考えてきた」と、これまでの自分の来し方を自負し、討ち入り参加者は忠義の志を天も照覧あれ、とばかりに勝負を運に任せた覚悟の者たちであると述べている。したがって、彼らが討ち入りに至った経過を論ずべきではなく、その忠義の心と勇気を同じくするものであるとしている。ただし、これまで抜群の働きをした者として、原惣右衛門ほかをあげている。

原惣右衛門は内匠頭の刃傷以後、伝奏屋敷の世話、赤穂離散の際の手配、江戸への往来、江戸・上方双方のまとめ役として、粉骨砕身した忠義不変の者であり、大坂に居住して大坂周辺に住む者が頼るところとなった。

吉田忠左衛門は城明け渡しのときから志を立て、当春より下向して多くの困難を克服し、勇猛果敢に差配して江戸居住の若い面々を統率した結果、無事にこの時を迎えられるに至った。

山科に居住して都鄙《とひ》の同志を束ねて密談するに際し、内蔵助の腹心のような働きをした者として、進藤源四郎・小山源五左衛門・岡本次郎左衛門、それに自分がいる。ただし他の三人はいざというときになって退去した。

その後、原は大坂にいて地方へ通達し、吉田は江戸にいて江戸周辺を担当し、自分は京都にいて山科と一緒に密議をこらした。我々は日夜身命《しんめい》を抛《なげう》った志を同じくするものである。

（小野寺十内書状〈67〉）

小野寺は原・吉田・自分の三人がそれぞれ大坂・江戸・京都という三都の中核となって、浪士たちを統率しまとめあげたと考えている。城明け渡し以前から一貫して討ち入りを主張してきた安兵衛に関しては、何も述べていない。吉田忠左衛門について述べたところで、「当府住まいの若き面々をあしらい」とみえるから、討ち入りのとき六〇歳だった小野寺からすれば、三三歳の安兵衛の主張はいかにも若気の至りにみえたのかもしれない。小野寺は内蔵助についても評価を下していない。内蔵助は家老ではあるが四四歳と若く、それに対して原は五五歳、吉田は六二歳（いずれも討ち入り時点の年齢）で、いずれも家臣団上層部の浪士である。年齢的にも階層的にも小野寺は彼らを評価したのだろう。

### 離脱者リストの提出と名誉意識―大石内蔵助の場合

内蔵助が離脱者の批判を書状に書き始めるのは、主に一一月になってからのことである。一一月二五日の手紙では、「心変わりをした者たちをどのように噂《うわさ》しているか」と世間の評判を気にしながら、親族の小山源五左衛門・進藤源四郎たちの様子を聞きたがっている。江戸まで下向してから離脱した中村清右衛門・鈴田重八・中田理平次の名をあげ、道中苦労して路銀《ろぎん》も損になって気の毒であるとした上で、さらに二人が退去したがほかに心許《こころもと》ない者はないと自信の程をみせている（実際にはこのあとも離脱者が出た）（大石内蔵助書状〈74〉）。

しかしその四日後の一一月二九日、それまでの金銭出納を記した「金銀請払帳」を瑤泉《ようぜい》院《いん》（内匠頭の室阿久里）付の落合与左衛門に提出した際、内蔵助は「内匠頭の厚恩を忘れ、俄《にわか》に変心した不届き千万の者たちが送ってきた離脱の書付を、御慰《おなぐさ》みにお目に懸ける」として、離脱者の口上書も一緒に送っている（大石内蔵助書状〈77〉）。これまで紹介した他の参加者は、離脱者の一部を批判するにとどまっていたが、内蔵助は自分に宛てて提出された離脱の口上書を送っているから、非常に大勢の浪士の情報を流したことになる。内蔵助は一二月九日、再び落合に対して、二人がさらに立ち退いたことを知らせ、「この期《ご》に及んで右の始末とは不届至極と思う」と批判している（大石内蔵助書状〈106〉）。

内蔵助は瑤泉院だけでなく、赤穂の花岳寺・正福寺に宛てても離脱者の名前をあげている。討ち入り前日の一二月一三日、佐々小左衛門父子のほか、①岡本次郎左衛門・粕谷勘左衛門・小山源五左衛門・進藤源四郎、②奥野将監・河村伝兵衛、③中田理平次・中村清右衛門・鈴田重八・家来瀬尾孫左衛門・矢野為助、④田中貞四郎・小山田庄左衛門の四つの分類で離脱者の名前をあげている（大石内蔵助書状〈116〉）。

①②は内蔵助と途中まで行動を共にしてきた者で、江戸下向以前に離脱した者、③④は江戸に来てから退去した者である。内蔵助の家来だった瀬尾孫左衛門は、山科で江戸行きを止められて立腹し、江戸まで下向したのにもかかわらず急に姿を消した。内蔵助は自分の名誉にもなり死後も人が喜ぶとして、孫左衛門の参加をとらえていたようである。

## 離脱者への侮蔑感
## ―横川勘平の場合

横川勘平は討ち入り三日前の一二月一一日の書状で、離脱者を八つのグループに分けて批判している。やや長文だが、三原屋長左衛門・七左衛門宛ての書状を検討しよう（なお同日付けの福田屋弥三右衛門ほか宛ての書状とでは、分類に若干の違いがある）。①が三人、②が二人、③が三人、④が一七人、⑤が四人、⑥が三人、⑦が二人、⑧が二〇人で、合計五四人が批判の俎上《そじょう》に載せられている。

①は江戸へ下ってから離脱した中村清右衛門・鈴田重八・中田理平次である。先に述べたとおり、中村と鈴田は残された家族の面倒をみなければならないという理由だったが、横川は「大比興《ひきょう》」と断じている（なお三人の離脱が一一月となっているが、中田は一〇月が正しい）。

②は小袖《こそで》と金子《きんす》を盗んで欠落《かけおち》した小山田庄左衛門と、田中貞四郎である。赤穂城明け渡しに際して籠城を覚悟した際の「臆病の働き」を悔いて、内蔵助へ頭を下げ同志に入れてもらったのに、今度また逃げた「大臆病者」であるという。田中貞四郎は中村清右衛門と共に、内匠頭の遺体を引き取り、泉岳寺で落髪した用人であった。

③の粕谷勘左衛門・猪口忠兵衛・杉浦順右衛門は、今年の春に打ち捨てるべきであったとまで言っている。そして宛所の三原屋に、彼らと会うことがあったら自分がこのように言っていたと伝えてほしい、と頼んでいる。

④には、多川九左衛門・酒寄作右衛門・木村孫右衛門・田中太郎右衛門・松本新五左衛門・橋本治兵衛・井口半蔵・太田三郎右衛門・生瀬重左衛門・大塚藤兵衛・三輪喜兵衛・

田中代右衛門・前野新蔵・田中広右衛門・里村津右衛門・近藤新五・梶平左衛門の名前があがっている。このうち太田と生瀬は討ち入りを聞いて身を振るわせて逃げ帰ったと、内蔵助が話をしたらしい。「一笑〳〵」と嘲笑している。なお冒頭の多川は、「鬱憤の書付」をもって江戸へ向かった使者の一人であった。

⑤の四人、奥野将監・河村伝兵衛・小山源五左衛門・進藤源四郎は、番頭の奥野のほかはいずれも足軽頭で、姻族の河村も含めると四人は内蔵助の一族であった。彼らは藩家臣団の上層部に位置していたわけだが、その離脱を「臆病は評におよばす」と批判している。

⑥の平野半平は大石家の払物代金三〇両を盗んで、京都に身を隠したという。岡本次郎左衛門・喜八郎は「誠のきわにひきはずした比興」と記している。次郎左衛門は途中まで行動を共にしていた人物であった。

⑦の佐々小左衛門・三左衛門は新領主永井直敬が赤穂に転封した情報を聞きつけて、仕官を求めて離脱したとしている。

⑧ではさらに五つに分類して批判している。

(1)　長沢六郎右衛門は「大臆病者、評に足らず」とされている。

(2)　大嶋弥助・田中権右衛門・幸田与三左衛門・稲川十郎右衛門・榎戸新介・山上安左衛門・仁平郷右衛門・高谷浅右衛門・豊田八太夫・多芸太郎左衛門は「大臆病至極」

と批判されている。

(3)　各務八右衛門は横川勘平の由緒の者で、命を惜しんで悪名を得ることになってしまい、「一家の面目気の毒と御察し下さるべく候」と相手に理解を求めている。

(4)　陰山宗兵衛・渡部角兵衛・川田八兵衛・久下織右衛門・猪子利兵衛・猪子兵右衛門・佐藤伊右衛門は、「誠の砌《みぎり》にひつはずし」て離脱したと書いている。

(5)　原惣右衛門の養子兵太夫が大坂で欠落したことに触れ、「養父を捨て逃げ候段、天命如何」と非難している（横川勘平書状〈111〉）。

## 離脱者との「不通」——小野寺十内の場合

親類同士の間で、討ち入りに参加する者としない者がいた場合、ときには二人が縁を断つ「義絶《ぎぜつ》」や交際をしない「不通《ふつう》」の間柄になる場合もある。これまでみてきたように、離脱者に対する討ち入り参加者の態度は批判的なものが多かったが、残された家族が離脱者からの支援を受けられないというデメリットも覚悟しなければならない。

元禄一五年一一月三日、小野寺十内は妻のおたんに宛てて情感あふれる書状を送っている。自分が普段使っていた身の回りの道具がなくなって家も広くなり、次第に訪れる人も少なくなって心細い思いをしているであろうと留守宅をいたわり、薬を飲んで無理をせず、元気で何とか生活していってほしいと願っている。繰り返し、妻からの手紙を読んでいること、雁《かり》が安かったので一羽買い求め、妻へも味噌塩にして送ったこと、着物の袖口《そでぐち》やすそが破れて繕《つくろ》う者もいないこと、妻の詠んだ歌に感心していることなど、夫婦の情愛がひしひしと伝わってくる。

小野寺の江戸での生活は楽ではなかったが、彼には仲間がいた。討ち入りには小野寺の親族が多数参加しており、母親の四十九日には、同じ宿所にいる小野寺の従弟間瀬久太夫とその子孫九郎、間瀬久太夫の姪の夫中村勘助と一緒に法要を営んでいる。しかしそれは同時に、残された妻おたんが頼れる親類が少ないことも意味していた。小野寺は妻の兄灰方喜兵衛のところへ、おたんのことを頼もうと思って行ったが、同じく妻の兄で盟約を離脱した灰方藤兵衛と「不通」であることを理由に、会ってもらえなかった（小野寺十内書状〈62〉）。討ち入り後、小野寺が提出した親類書にも、「私不通の者にて御座候」とみえる。

先にみたように、小野寺は離脱者数名を痛烈に批判しているが、灰方藤兵衛は義理の兄であるためか、その名前も出さず批判もしていない。しかし、「脅《おど》してやられた」と表現していることから、かなり険悪な状態で「不通」になったと想像される。実の兄にも頼れない以上、おたんは自分の才覚《さいかく》で生活していかなければならず、小野寺はその苦労の程を思いやると同時に、年月が経てばほとぼりがさめて妹を見捨てることはないとは思うが、それはわからないとも書いている。おたんが置かれたこのような境遇を考えると、小野寺の母親亡きあと、夫と一人息子の幸右衛門、甥の大高源五と岡野金右衛門、従弟の間瀬久太夫とその息子の孫九郎が討ち入り、切腹したことを受けて、元禄一六年六月におたんが京都で自害したと言われているのもうなずける気がする。

### 離脱者との義絶―大石瀬左衛門の場合

親類書には書かれていないが、大石瀬左衛門は兄の大石孫四郎と「義絶」の関係にあった。二人は円山会議にも一緒に出席していたが、閏八月一二日に孫四郎が離脱し、そのあと縁を切ったと思われる。

討ち入りの約二ヵ月前、一〇月九日に瀬左衛門は伯父大石無人宛ての書状で、「兄の大石孫四郎が了簡違いゆえ『義絶』した。私は独り身なので、頼りになる者がいなくなってしまったことを無念に思う。衣類の着替えもなく、寒くて哀れな暮らしをしている。不憫《ふびん》と思って金を貸して欲しい」と述べている（大石瀬左衛門書状〈52〉）。たった一人の兄との関係が切れて、資金が手当てできない状態なのである。無人の息子の大石郷右衛門・大石三平は討ち入りには参加しなかったが、三平は吉良在宅の情報を得るのに奔走した人物である。また討ち入り後、細川家に預けられた瀬左衛門は切腹を目前にして、大石無人父子に今日の首尾を伝えてほしい、と言い残しているから、頼みの綱は無人一家だけだったのだろう（「赤穂義臣対話」）。

以上の考察からわかるように、離脱者にはいずれも「卑怯」「臆病」「腰抜け」など、当時の武士に対する侮辱語が使われていた。家臣団上層部への批判が特に厳しく、離脱した個々の事情は考慮されないまま、離脱者は武士でありながら死を怖《おそ》れる臆病者・卑怯者として描かれている。さらに、そのような武士道にもとる行為をした者が一族から出ることは、一家の恥であり名誉にかかわるとも述べられている。彼らは、「討ち入り＝忠死＝武士道＝名誉」という図式で、自らの行動を正当化していたと考えられる。

## 討ち入り参加者の名誉意識

討ち入り参加者の中には、離脱者が激しく批判されているのを目の当たりにして、自分も「臆病者」と侮蔑されることを危惧して腹を決めた者がいたかもしれないが、彼らに共通してみえるのは、自己の名誉、「家」の名誉、親族・一族の名誉を重んじる感性であった。討ち入りによって、主君や「御家」に対する忠節を示すことは、盲目的・献身的な一方通行の行動ではない。その行為が討ち入り参加者の名誉感を充足させ、親族の名誉を招来し、究極的には討死を嘆き悲しむ老父母への孝行にさえつながるとみなしているのである。以下、書状にみえる彼らの意識を検討しよう。

当初から主君との情誼的一体感を前面に打ち出して、討ち入りを主張していた安兵衛だが、その根底には武士としての強烈なアイデンティティーと名誉感が横たわっていた。城明け渡しのあと、安兵衛実父の親友で、新発田藩《しばたはん》の溝口氏に仕える吉川茂兵衛に宛てた六月二八日付けの書状には、安兵衛の武士としての自覚が明確に表現されている。浪人は「身持《みも》ちの致しにくきもの」で、傍輩の中には表店などを出して、「さまをかえたるもの」が多くいるが、たとえ餓死に及んでも武士としての姿形を変えるつもりはない、と強い決意を述べているのである（堀部安兵衛書状〈11〉）。

## 堀部父子にみる武士としての矜持

また家族ぐるみで交際している京都の高山内匠に宛てて、安兵衛は素直にその思うところを書きつづっている。元禄一四年一一月七日の書状は、高山の妻が「さいなんをのがれ利運を得」るために、奈良の東大寺二月堂の牛王《ごおう》を安兵衛父子・高田・奥田の四人へ一枚ずつ送ってくれたことに感謝したものだが、その際「かゆを食べても武士の意地を違《たが》えることはないので、この段はお気遣いなされませんように」とはっきり書いている（堀部安兵衛書状〈19〉）。

しかし、安兵衛が一貫して討ち入りを主張したのは、上野介の首を取ることが主君の鬱憤を晴らすことになるからという理由だけではない。その根底には「あっぱれ一家の名誉をいたしたく、心懸け申すばかりに候」とあるように、討ち入りが自己の名誉・一家の名誉になるという確信がある。何も行動せずに冷たい視線を投げかけられ、臆病者と軽蔑されるかもしれないと思うと、安兵衛は耐えられないのである。

武士社会で自分がどのように見られているかを気にしている様子は、元禄一五年一一月二〇日に、叔父溝口祐弥と溝口信濃守家臣で従弟の坂井九太夫たちに送った書状からもうかがえる。

この手紙で安兵衛は、赤穂城明け渡しの際、自分が「城内において必死の覚悟」を主張したのにそれが入れられず離散したこと、その年の夏以降さまざまな意見が入り乱れ、延び延びになってしまったため、六月に上京して一決の相談を整えたところへ、大学の広島藩差し置きの知らせが入り、討ち入りを堅く申し合わせたことなどを述べている。溝口家家来の従弟に対しては、浪人後も溝口家に戻らなかった事情を説明するためでもあるのだろう、自分が一貫して「武士らしく」生きてきたことを力説している（堀部安兵衛書状〈71〉）。なお安兵衛にはほかにも、それまでの行動を詳しく話している人物がいる。

心意気では養父の弥兵衛も負けていない。内匠頭百箇日法要を前にした元禄一四年六月二一日、高山内匠に宛てた書状で弥兵衛は、赤穂藩取りつぶしという「前代未聞」の事態に遭遇したが、武士としての覚悟があるから動転することもなく、おかげで家財道具なども紛失せずにすんだと記し、武士の気骨を表現している（堀部弥兵衛書状〈10〉）。さらに弥兵衛は、高山内匠に宛てた九月二日の書状でも、江戸は米価が高いため二人の家来に時々賃仕事をさせているが、外聞の悪いことは少しもさせていないと書いている（堀部弥兵衛書状〈14〉）。

また、月日は不明だが姉に宛てた書状で、「武士の心意気を示して死ぬことは、武士の望むところであり、先祖の名をあげる以上の本望はない」と述べている。七六歳の弥兵衛にとって討ち入りは、武士の心底を世間にみせて死ぬ格好の機会であった。しかし安兵衛と同様、それは個人的な自己満足の域にとどまるものではない。先祖の名を挙げる行為である。さらに残された女性たちにも、「さすが武士の家族だけあって少しも取り乱すことがない」と思われるような振る舞いを求めている。自分たちが討ち入りをしても、家族がその死を嘆き悲しんでいては、自分たちの勇気ある行動の価値が低くなってしまう。家族が一丸となって討ち入りに賛同し、それを実現するのが武士の「家」であると弥兵衛は考えていたのである（堀部弥兵衛書状〈96〉）。討ち入りを動機づけていたのは、単に主君や「御家」への忠義ではなく、「家」・一門・先祖の外聞や名誉であった。

## 大高源五の名誉感

こうした名誉の観念は、名文で知られる大高源五の書状にもはっきり読みとれる。彼は元禄一五年九月五日付けで母に宛てた書状で、内匠頭の鬱憤を晴らし「御家」の恥辱を雪《すす》ぎたい一心であると書きながら、「侍の道をもたて忠のため命をすて、せん（先祖）その名をもあらわ（表）し申すにて御座候」と述べ、侍の道を立てて忠義のために死ぬことが先祖の名誉にもなるとはっきり書いている。大高は幼い頃から小姓《こしょう》として内匠頭の側近くで仕えてきたので、上野介を殺せなかった内匠頭の心底を思うと、その無念さが骨髄にしみると言う。大高の考えによれば、上野介へ意趣があって切り付けたのだから、相手は敵《かたき》に相当するのであって、敵をそのままにしておくのは中国でも日本でも武士の道にかなうことではない。大学が広島藩差し置きとなった以上、吉良邸討ち入りを見合わせるのは大高にとって武士の本意にはずれた行為であった（大高源五書状〈47〉）。

## 個人と「家」の名誉

矢頭右衛門七は内匠頭家臣の父が死亡したため、代わって江戸へ下ることになった。元禄一五年一一月二一日、右衛門七は父子が長逗留《ながとうりゅう》して世話になった小谷勘解由に討ち入りを知らせ、父の法名《ほうみょう》と回向料《えこうりょう》を随鷗寺《ずいおうじ》へ渡すよう頼んでいる。その手紙の中で討ち入りを目前に控えた心境を素直に表現している。

討ち入りは病に伏せっていた頃からの父親の遺言であり、亡君の仇を捨ててはおけないとしながらも、「粉骨砕身して武名をあげたい」と書いている（矢頭右衛門七書状〈73〉）。

一七歳の右衛門七は惣領《そうりょう》とはいえ、浅野家に出仕していたわけではないから、いわば武士の晴れ舞台ともいうべき討ち入りの場に参加できるのは、名誉なことであったろう。それを「飛び立つばかりの思い」という言葉で表現しているのである。

同じような感覚は潮田又之丞の書状にもみえる。討ち入りが迫った一二月五日、母親へ宛てた暇乞いの手紙で、「武士の本意を欠いては先祖の苗字に傷をつける」と思って討ち入りに参加すると述べている。亡君の仇を討つという大義名分のみならず、参加しなければ武士の本意を欠くことになり、それは先祖代々の「家」の名誉を汚すことになるという認識がみえるのである。そして、見苦しくないように討死したいとも書いている（潮田又之丞書状〈89〉）。潮田のみならず討ち入り参加者は、吉良邸での闘いで全員が生き残るとは思っていない。彼らは命を捨てることを惜しいと思うよりも、その時に見苦しい闘いをしてそれが後世に伝わることを恐れているのである。武士として立派に死ぬこと。それが彼らの名誉感であった。

## 離脱の不名誉と討ち入りの名誉

潮田は右の書状で、江戸まで同道してきたのに、書き置きを残して離脱した中村清右衛門・鈴田重八のことを「畜生同前の者」であり「侍の面汚し」であると批判していた。また同じ一二月五日、姉の夫に宛てた手紙でも、潮田は中村と鈴田の離脱に触れ、自分まで面目を失ったと述べている（潮田又之丞書状〈90〉）。そしてこのような離脱者への批判は、自らが離脱したときに跳ね返ってくるものとして、討ち入り参加者に意識されていた。それを三村次郎左衛門の書状でみよう。

三村は一一月三〇日、母親に宛てた書状で「自分が内蔵助から目を掛けられていることは周知の事実であるのに、母親の嘆きに負けて離脱すれば、人から後ろ指をさされることになり、生きていても意味がない」と述べている。これまで三村家は忠義を思わなかったために、次第に家格が下がり「先祖の名を汚し」てきたので、家禄の低い身ではあるが忠義を見せたいというのである〈三村次郎左衛門書状〈80〉〉。彼は一二月五日にも「先祖の流れを清く致す事」を思い詰めて討ち入る心境を明らかにしている〈三村次郎左衛門書状〈94〉〉。三村の場合、討ち入りに参加した直接の動機は、内匠頭よりも内蔵助への強い思いと言えるが、自分の行為が現在の三村家の名誉となり、ひいては代々没落してきた三村家の栄光を復活させる契機になると考えているのである。

離脱すると一家の面目がつぶれるという意識は、茅野和助にもあった。一二月五日、茅野は「この場を逃れては、私だけでなく一家の面目がつぶれる。武家である以上、悴《せがれ》などが跡を継げなくなる」として、年若い悴に一度は家名をつがせたいので、甥の茅野武次郎に後見を頼むと書いている。そして討ち入りの際には、手柄をたてて最期を迎えたいと述べている〈茅野和助書状〈93〉〉。五両三人扶持の徒士にも、このような意識がはっきりみえるのである。

小野寺十内に至っては、その名誉心はさらに強烈である。小野寺は討ち入り二日前に妻のおたんに宛てた手紙で、討ち入りのあらましは医師の寺井玄渓から知らされるだろうと伝え、幕府の処罰によりたとえ屍《かばね》をさらされても少しも恨みに思わないとし、その理由として「忠義に死んだ自分の体を天下の武士に見せて、人の心を鼓舞するのはむしろ本望なのだ」と記している。さらに追伸では、「末代まで天下に自分の名を残し書き留められることが誠の本望であり、これに過ぎるものはない。おたんもそれを見てうれしく思うだろう。それをそもじへの形見と考えてもらいたい」と告白している（小野寺十内書状〈113〉）。主君への忠義のために上野介の首を取るというのが、彼らの討ち入りを正当化する論理だったが、その行動の裏には強烈な自己顕示欲・名誉意識が存在していた。離脱者に対する痛烈な批判とこのような名誉心とは、コインの裏表の関係にあったのである。

## 「家」と親族の名誉

多くの討ち入り参加者は、討ち入りが個人の名誉であると同時に「家」の名誉でもあると考えていたが、さらに「家」の名誉は親族の名誉につながるとも意識していた。それをもっとも如実に示すのは、内蔵助が討ち入り直前の一二月一〇日に、小野寺十内の妻に宛てて書いた書状である。そこでは、小野寺の親族が大勢参加することをうらやましく思う気持ちと、内蔵助の親族のふがいなさを嘆く気持ちが、交差して表現されている。

小野寺十内殿の御一家は大勢今回の討ち入りに参加され、その志は後代までの名誉になるとうらやましく思います。大石一家は「大腰抜け」で、我々父子のほかに大石の苗字を持つ参加者は大石瀬左衛門一人、面目ないことであります。家来の瀬尾孫左衛門も、去る三日に立ち退きました。身分の軽い者なので、そのような家来までが討ち入りに参加すれば私の名誉にもなると喜んでいたのに、不届至極のことです。

（大石内蔵助書状〈107〉）

かつて内蔵助は堀部安兵衛との往復書簡で、自分は出《しゅっ》家《け》沙門《しゃもん》の身となってもかまわないと言っていた。しかし、討ち入りを目前にした一二月一三日、花岳寺と正福寺に宛てた手紙では、次男吉之進が出家したと聞いて「武士として家を興してもらいたかったので、少し心残りである」と述べている（大石内蔵助書状〈116〉）。息子が武家を継ぐことにこだわり、武士としてのプライドが高い内蔵助からしてみれば、七人の親族が結束して討ち入りに向かう〈小野寺グループ〉は、うらやましい限りであった。

このように親族が大勢で、あるいは親子兄弟で討ち入ることは、同志たちからは名誉なこととみなされていたが、彼らを一度に失って残された家族が味わう嘆きは一通りのものではない。日付は不明だが、木村岡右衛門は妻に宛てて「大高源五などは老母を残し、兄弟の小野寺十内や従弟の岡野金右衛門まで討ち入る。間喜兵衛親子は三人、間瀬久太夫も親子で討ち入るし、ほかにもまだ親子で参加する者がいる。その上、一八、九、もしくは三〇歳にも満たない若者が死ぬのである。彼らの遺族と比べればそもじの嘆きは軽いはずだ」と妻を慰めている。もっとも木村は、「自分は主人のために命を捨てるが、その女房もかいがいしく取り乱さなかった、と人が噂するようにしてほしい」と述べ、妻が嘆いては自分の功に傷がつくとし、死後の名声を気にしている（木村岡右衛門書状〈123〉）。

## 忠と孝の関係

彼らは親より先に死ぬことを躊躇しなかったわけではない。大高源五は、息子が先立つことは不孝の罪だが、私的な事に命を捨てるわけではないので許してほしいと母親に書き送っている（大高源五書状〈101〉）。その一ヵ月ほど前の一一月八日に、神崎与五郎は早死するのは不孝だろうが、武家である以上忠義を重んじなければならないと記し（神崎与五郎書状〈66〉）、三村次郎左衛門も「忠義あっての孝行」と表現している（三村次郎左衛門書状〈37〉）。残された老父母の悲しみをおもんばかりながらも、討ち入りをしたい、あるいは討ち入りをしないわけにはいかない自分の思いを、何とか説明するための論理として、「忠義」を持ち出しているのである。

実際、忠義と孝行のはざまで苦しみ、自ら命を絶った萱野三平のような例もある（「萱野三平の悲劇」を参照）。一方、早水藤左衛門のように、忠義と孝行を何とか両立させようとする努力もみられる。早水は「老父の嘆きも顧みず忠義のために討ち入ることは、孝道に欠けたようにもみえるが、幼い頃から父の存念に従って武士道を守ってきた身としては、その教えにしたがって討ち入りを全うしなければ、何をもって志とすべきか」とした上で、「生きて悪名をはせるよりも死んで義を全うしたい」と決意の程を示している（早水藤左衛門書状〈50〉）。

してみれば、矢頭右衛門七のような例は幸せと言うべきであろう。右衛門七の父長助は、元禄一五年（元禄一四年とも）一〇月の書状で、病気が回復しないため、悴が代わって本望を達してくれることになり、「末期の大慶」であると喜んでいる。もっとも「命を落とすのは武士の常だが、息子が討ち入りに参加することについては少し迷った」と告白し、「凡夫の至りで恥ずかしい」とも書いており、父親の複雑な気持ちを素直に表現している（矢頭長助書状〈59〉）。

討ち入りして死ぬことは親を悲しませる「不孝」であるという自覚はあるにせよ、討ち入りに参加して、武士としての名誉を得ることが「家」の名誉につながる、と彼らは考えていた。逆に、盟約から離脱すれば武士としての恥となり、「家」に不名誉をもたらすとみなしていた。だからこそ、武士の名誉にかかわる「卑怯」「臆病」という言葉で、離脱者を批判したのだと言える。

# 吉良邸討ち入り

# 家族と遺言

討ち入りする浪士たちにも家族がいる。彼らが江戸に集結してから、家族のことを誰が支援し助けていたのだろうか。あるいは彼らの死後、誰が遺族の世話をすることになっていたのだろうか。

## 留守宅と遺族の世話

血を分けた弟に留守宅を頼む浪士の書状が何通か残っている。妻と息子二人、娘三人の家族をかかえていた中村勘助は、元禄一五年一〇月一一日、弟三田村繁右衛門と甥の三田村十郎太夫に宛てて、一家の扶助を頼んでいる（中村勘助書状〈55〉）。また茅野和助も、弟を始めとする親族に留守宅を頼み、子供の後見を甥に依頼している（茅野和助書状〈93〉）。討ち入り直前の一二月四日、奥田貞右衛門は実家の弟仁尾官右衛門に対し、生まれたばかりの息子のことを頼んでいる（奥田貞右衛門書状〈87〉)。

神崎与五郎も弟の神崎藤九郎宛ての書状で留守宅を頼んでいる。「親類書」によれば、与五郎の父の代までは森美作守の家臣だった。父親は浪人して作州に母・弟と住んでおり、同じ森家家臣であった浪人の伯父もそばに居住している。与五郎は弟がいてくれるおかげで留守宅が安心だと書いている(神崎与五郎書状〈66〉)。

潮田又之丞があとを託したのは、姉の夫で加西郡の百姓になった渡辺与左衛門であった。老母と娘が食べていけるようにはからってほしいと頼んでいる。潮田は小山源五左衛門の娘婿だが、途中で離脱した義父の小山とは義絶していた。「親類書」には妻が記されていないので、おそらく離縁したものと思われる。姉の夫を頼ったのはそのためだろう(潮田又之丞書状〈90〉)。

兄弟がいない場合、叔父や従弟に遺族の世話を依頼することもある。安兵衛は叔父忠見扶右衛門に宛てて、扶右衛門の息子文五郎にはかねて自分の考えを伝えてあり、母や妻などの世話をしてくれることになっていると伝えている(堀部安兵衛書状〈109〉)。刀などの形見を送った佐藤条右衛門にも、遺族のことを頼んでいるようだが、どのような人物かは不明である(堀部安兵衛書状〈108〉)。その一月ほど前の一一月二〇日に、従弟で紀州藩安藤采女家臣の青地与五兵衛にも、安兵衛は母と妻をよろしく頼むと書いている(堀部安兵衛書状〈70〉〉。

女性に母親のことを頼む書状もみられる。三村次郎左衛門は、嫁いだ妹と思われる「おとり」へしばらく母親に付き添ってほしいと頼んだり（三村次郎左衛門書状〈80〉）、母親のことを伯母に頼んだりしている（三村次郎左衛門書状〈94〉）。

先に述べたように、武林唯七は兄渡辺半右衛門に、討ち入りを断念して親の面倒をみるよう頼み、兄もそれを承諾した。武林とともに中小姓近習であった間重次郎は、渡辺に宛てた書状で、武林と以前通り親しくつきあっていると知らせ、家財を売った金を母親に渡してほしいと頼んでいる（間重次郎書状〈64〉）。父・弟も討ち入りに参加し、姉が嫁いだ相手は秋元但馬守の家来だったから、残された母親のことが心配だったのだろう。

神崎与五郎が一〇月一六日に書いた書状からは、三木孫左衛門なる人物が留守宅の世話にあたっていることがわかる（神崎与五郎書状〈56〉）。彼は与五郎の親類ではなく、もともと盟約にも入っていなかった人物だが、支援をしているのである。

一一月二八日に三村次郎左衛門が書いた書状には、母親のことだけが気がかりであるとし、母親を見捨てないでほしいと福田屋弥四郎にあとを頼んでいる（三村次郎左衛門書状〈76〉）。福田屋がどのような人物かは不明だが、岡嶋八十右衛門も一二月三日に、福田屋弥四郎と笹屋新十郎に宛てて、そちらに預けた妻子が見苦しくないようにあとを頼むと書いている（岡嶋八十右衛門書状〈85〉）。

## 書状や荷物の受け渡し

浪士たちは仲間に手紙を託すほか、知り合いに荷物や書状の受け渡しを頼んでいる。小山源五左衛門の実子で内蔵助の養子になった大西坊は、その一人であった。小山は赤穂城明け渡し後、内蔵助とともに行動していたが、途中で離脱したため、大西坊は実父の小山と義絶し、討ち入り参加者たちの支援にあたっていた（潮田又之丞書状〈90〉）。潮田又之丞は母に宛てて、衣類の余りを大西坊まで送るので、それぞれへ形見分けするようにと頼んでいる（潮田又之丞書状〈89〉）。

また、寺も書状や荷物の受け渡しにあたっていたようだ。安兵衛が元禄一五年五月一九日に早水藤左衛門へ宛てた書状は、京都の智積院学僧の以泉から赤穂の遠林寺、大蓮寺を経由して届けられている（堀部安兵衛書状〈29〉）。また三村次郎左衛門は母への暇乞いをしたためた書状の中で、遠林寺につづらを預けてあるので、その衣類ほか家屋敷・田畑・山・諸道具などで生活してほしいと述べている（三村次郎左衛門書状〈80〉）。

## 寺の役割

寺は単に書状や荷物の受け渡しにあたっていたわけではない。浅野家当主などの供養をするほか、討ち入る浪士たちの回向や彼らの遺族に対する精神的支援も行うよう求められていた。

家臣たちが赤穂の城下から退去する際、浅野家代々の永代供養《えいたいくよう》のために寄付金銀一九貫二九六匁二分が集まった。その金で購入した田地が、浅野家ゆかりの花岳寺・大蓮寺・高光寺に寄進されている。花岳寺に浅野長重・長直・長友・長矩の四代の永々御墓料、大蓮寺に長友の室の御墓料、高光寺に長直の室の御墓料、遠林寺（浅野家祈願所）に扶助金が寄進されたほか、遠林寺を介して高野山に長重・長直・長友・長矩四代の御位牌所料が渡され、京都瑞光院には長矩の石塔・位牌が建てられている（『忠臣蔵』第一巻）。これはいずれも公的な出費といえるが、近松勘六は元禄一五年一一月、個人的に花岳寺へ内匠頭追善のため銀子一包を寄進している（近松勘六書状〈81〉）。

内蔵助は討ち入りの前日、口上書の写しを同封した書状を花岳寺・正福寺に送ったが、そこで、「討ち入るのは四八人で、このように志を一つにしたことは内匠頭の名誉と思う。いずれも忠義の者なので回向をしてほしい」と頼んでいる（大石内蔵助書状〈116〉）。

また、寺にはあとに残された母親を支えてほしいと依頼した書状が送られている。三村次郎左衛門は一一月二八日、福田屋弥四郎へあとに残す母親のことを頼んだ際、出家二人にも母親のことを頼んだと書いている（三村次郎左衛門書状〈76〉）。その二日後に三村が母親に宛てた書状から、この二人は遠林寺と御船坊を指すことがわかる（三村次郎左衛門書状〈80〉）。

大高源五も母のことを遠林寺・花岳寺に頼み（大高源五書状〈92〉）、同じ一二月五日、岡野金右衛門も自分の母と大高の母を花岳寺に頼んでいる（岡野金右衛門書状〈91〉）。花岳寺には、小野寺幸右衛門も母親のことを依頼しているし（小野寺幸右衛門書状〈102〉）、彼は同日、兼沢検校《けんぎょう》なる人物にも母のあとを頼んでいる（小野寺幸右衛門書状〈103〉）。

# 討ち入りをひかえた浪士の遺言

山崎闇斎《やまざきあんさい》学派の儒者である佐藤直方は、浪士たちは討ち入りして名を挙げ、新たな奉公先を見つけようとしていたと述べた。浪士たちが討ち入りを武士の名誉と感じていたことは確かだが、彼らは吉良邸に討ち入って吉良家や上杉家の家臣と闘い、そこで討死すると予想していた。内蔵助が元禄一五年一二月一三日に花岳寺に宛てた手紙でも、口上書を同封したのは死骸検分のためであったし、「その場で生き残った者は幕府に尋問を受け、処罰を言い渡されるだろう」と書いている（大石内蔵助書状〈116〉）。そこで、死地に赴く心境をつづった遺言をみてみよう。

## 遺言の数々

岡野金右衛門は一二月四日、母親に宛てて、自分が討死しても武士の習いと思って嘆き悲しむことなく、念仏をあげてほしいと書き残している。岡野は、主君のために命を捨てることは両親への奉公でもあるとして、主君のための忠義と親への孝行が相反するものではないと諭そうとしている〈岡野金右衛門書状〈86〉〉。潮田又之丞も討ち入りを前にした一二月五日、母親に宛てて「武士の習いであり珍しいことではない」と述べている〈潮田又之丞書状〈89〉〉。ここには「武士のならい」に生きなければならない以上、死ぬことは運命だからあきらめてほしいという慰めが見いだせる。

自分の討死を悲しむであろう遺族の嘆きに思いを致す一方、彼らの書状からは、武士の名誉ある行動として討ち入りに臨むことができると、興奮している様子も伝わってくる。

大高源五は母親に宛てた一二月七日の書状で、討ち入り装束を詳しく伝えるとともに、「人にまさる活躍をしようと勇気にあふれているので、少しも心配することはない」と書いている〈大高源五書状〈101〉〉。神崎与五郎も一二月八日の書状で、「討ち入りした自分の名が人々の口にのぼるように、活躍したいとばかり想像している」と述べながら、そういった自分の姿を「おかしき事にて御座候」と書いている〈神崎与五郎書状〈105〉〉。

浪士の中にはもっと具体的に家族へ指示を出している者もいる。木村岡右衛門は今晩討ち入るというときに、妻に対して「武士の家に生まれた者は女性であっても、このような事態に遭遇することがあるのだから、死亡を聞いても悲しまないように」と述べ、さらに「自分が死んで五〇日が過ぎたら再婚してほしい。相手がいなければ、赤穂に来るか、そちらの町人の家にでも奉公に出るとよい」と書き残している（木村岡右衛門書状〈123〉）。

武士としての行動を感じさせるのは、堀部安兵衛が一二月一〇日に従弟に宛てた書状だろう。彼は具足《ぐそく》と武器を誰に形見分けするか述べている（堀部安兵衛書状〈108〉）。吉田忠左衛門も一二月五日に、具足や脇指《わきざし》、硯箱《すずりばこ》、籠手《こて》、着物などを形見分けする算段を記している（吉田忠左衛門書状〈88〉）。早水藤左衛門も兄に宛てて形見分けを指示し、一二月七日付けで同志四八人の名前を一覧にしている（その後離脱する毛利小平太が含まれている。早水藤左衛門書状〈100〉）。

## 軍記物と武士道

離脱者を厳しく批判した横川勘平は、幼い頃から兄弟よりも心やすくつきあってきた浦山仲右衛門に宛てて、「唐の樊噲《はんかい》（高祖劉邦《りゅうほう》に仕え鴻門《こうもん》の会で劉邦を救った中国漢王朝の武将）や筑紫の八郎（九州に勢力を張った鎮西八郎《ちんぜいはちろう》こと源為朝《ためとも》。為朝は保元《ほうげん》の乱で敗れ伊豆大島に流された）にも劣らないようにと兼ねてから覚悟しているので、最期の働きについてはどうか気遣いないように」と書き残し、吉良邸へ討ち入る自分の姿を中国や日本の軍記物の登場人物であるかのように想像している。実戦経験のない当時の武士にとって、戦いとはこのような軍記物を通じて「実感」される行為だったのだろう（横川勘平書状〈104〉）。

大高源五も「かたき（敵）をあんおん（安穏）にさしおき申すべき様、むかしよりもろこし（唐土）・我ちょう（朝）

ともに武士の道にあらぬ事にて候」と述べ、中国でも日本でも敵《かたき》を生かしたままにしておくのは武士の道ではないとしている（大高源五書状〈47〉）。

彼らの武士道の観念は、死を怖れず命を投げ出すという独特の死生観に裏付けられていた。大道寺友山《だいどうじゆうざん》の『武道初心集』も山本常朝《つねとも》の『葉隠』も、討ち入りの後に書かれているし、室鳩巣の『明君家訓』には、武士道における死生観は展開されていない。東西の軍記物にみえる侍の生き方が、武士道を考える一つの指標だったのではないかと思われる。

**後世に伝えられる討ち入り**

浪士たちは討死を覚悟していたが、同時に自分たちの名前が後世まで伝えられることを望んでいた。名をあげることに対する強烈な名誉心はすでにみたところである。討ち入り参加者には、生き証人とでもいうべき人物がいた。藩医寺井玄渓とその悴玄達《げんたつ》である。

元禄一五年一月一四日に、山科衆と伏見衆が京都瑞光院の内匠頭墓所に参詣したあと、今後の方針を話し合ったとき、寺井玄渓宅で寄り合いを開いており、玄渓は円山会議以前から浪士たちの活動を支えていた。元禄一五年八月六日付けの大石内蔵助書状から知られるように、実は寺井玄渓は、江戸へ下向して討ち入りをしたいという希望を持っていた。ところが内蔵助は、玄渓が医者であり自分たち武士とは身分が違うとして、その申し出を断ったのである。

あなたと行動を共にすれば、我々の方から誘ったように人が噂をしかねない。それは互いの本意ではない。もちろん医者も戦場へ行くが、今回の討ち入りは戦場に行くわけではない。そこで、参加を思いとどまっていただくのが道理と思う。あなたの命を心配して言っているのではない。討ち入りのあと、世間は色々と我々のことを毀誉褒貶《きよほうへん》するだろう。そのときに事情をよく知っているあなたに対応していただくのが、第一の志と頼りにしている。

（大石内蔵助書状〈33〉）

玄渓は藩医であり、主君に仕えて禄《ろく》を受け取るという点では、内蔵助たち家臣と同じである。しかし、医者は武士とは異なる「長袖《ちょうしゅう》の身分」の者であった。これまでみてきたように、浪士たちには武士としての強烈なアイデンティティーがあったし、また討ち入り参加を決心することで、武士としての自負はいやがうえにも高まっていた。玄渓にあとを頼んだ内蔵助には、討死する自分たちの活躍を後世に伝えてほしいという希望だけでなく、討ち入りに失敗した時に汚名を晴らしてほしいという思いもあったかも知れない。ここには武士の意地を通すための討ち入り、という側面がみえる。玄渓は内蔵助にしたがい、討ち入り参加者たちを支援するとともに、討ち入り後、彼らの行動を後世に伝え、彼らを顕彰し、遺族の相談にのる道を選んだのである。

神崎与五郎は一一月八日に弟へ宛てた手紙で、玄渓が一味に加わりたいと言ったが内蔵助が差し止めたため、代わりに息子の玄達が討ち入りを見届けるため江戸へ下向すると述べ、討ち入り後、瑞光院にある内匠頭の墓のそばに、玄渓が同志の名前を刻んだ石碑を建て、彼らを顕彰する文を書く手はずになっていると記している（神崎与五郎書状〈66〉）。まさに討ち入り参加者の名誉を後々まで讃える企てである。

玄渓にはさまざまな情報が集まっていた。潮田又之丞は一二月五日、母に宛てて「自分のことを聞きたければ京都にいる寺井玄渓という医者をたずねてほしい」と記し、衣類の余りを寺井玄渓の悴玄達に頼んで、大西坊まで送ったと述べている（潮田又之丞書状〈89〉）。小野寺十内は玄渓に宛てて、江戸へ着いたときに見せられた一冊（「赤城盟伝《せきじょうめいでん》」と思われる）を写してそちらへ送ると書いているし（小野寺十内書状〈67〉）、妻おたんからの手紙を玄渓経由で受け取ったりしている（小野寺十内書状〈117〉）。内蔵助も討ち入り前日に、花岳寺と正福寺に宛てて、討ち入り参加者の回向を頼んだ際、様子は京都の玄渓に聞くよう書いている（大石内蔵助書状〈116〉）。玄渓がいわば生き証人として、参加者のことを伝えていく役割を背負わされたことがよくわかる。

討ち入り後も、内蔵助ほか原惣右衛門や小野寺十内は、熊本藩細川家下屋敷での厚遇について、一二月二四日と翌年一月三日、玄渓宛てに書状で説明している。細川氏自らが浪士を預かるのは満足だと述べ、毎日二汁五菜の食事が三度ずつ出されているほか、内蔵助の養子大西坊、豊岡にいる内蔵助の妻と子、さらに小野寺十内の妻へ書状を届けてほしいと頼んでいる（大石・小野寺・原連状〈15〉〈52〉）。さらに、水戸彰考館《しょうこうかん》の編修官三《み》宅観瀾《やけかんらん》が、正徳三年（一七一三）に『烈士報讐録《れっしほうしゅうろく》』を出したとき、三宅は玄渓や大石良麿に事をただした上で叙述したというから、玄渓の貢献は多大なものがあったと言えよう（『忠臣蔵』第一巻）。

討ち入りの生き証人ということでは、吉田忠左衛門組の足軽寺坂吉右衛門を考えねばならない。討ち入り後、姿を消した寺坂については、討ち入りを広島にいる大学へ知らせるため一行から離れたとか、内蔵助の命を受けて播磨へ帰ったとか、いろいろな説がある。寺坂は足軽であるにもかかわらず、「仮名手本忠臣蔵」にも寺岡平右衛門の名で登場して知られており、流れ着いた寺坂が討ち入り参加者の菩提を弔うために石像を作った、などという伝説も江戸時代にすでに生まれていた。その真偽のほどは定かではないが、討ち入り前までのいきさつを書いた「寺坂信行自記」、並びに「寺坂信行筆記」の過半は、寺坂自身が書いたとされており、討ち入りの記憶を後世に伝える役割を果たしたことは明らかである。

# 討ち入り参加者の社会学的特徴

討ち入りを実行するにあたって最も問題だったのは、上野介の在宅日時を知ることだった。大石瀬左衛門の従兄大石三平（内蔵助にとっては曾祖父の弟の孫）の学友で町人の中嶋五郎作が、一一月初旬に吉良邸へ招かれて茶の湯へ行っており、三平は五郎作の借宅に住む羽倉斎《はぐらいつき》（後の荷田春満《かだのあずままろ》）からこの話を聞いて、吉良邸の様子をうかがっている。一二月一四日の吉良邸茶会の話も、羽倉が五郎作から、あるいは五郎作の茶の湯の師匠で吉良邸に出入りしていた山田宗徧《そうへん》から聞いたと考えられる情報であった。また山田宗徧のところには大高源五が町人になりすまして入門しており、そのルートからも茶会の日取りがわかったようである。

こうして、四七人の浪士は討ち入りの時を迎えた。ここでは刃傷事件の体験の共有、家

| | | | | | | |
|---|---|---|---|---|---|---|
| 横川勘平 | 徒士 | 6両3人 | ○供 | | ○ | 36 |
| 三村次郎左衛門 | 台所役人 | 7石2人 | ○供 | | | 36 |
| 寺坂吉右衛門 | 足軽 | (3両2歩2人) | | | | 36 |
| 堀部弥兵衛 | (安兵衛養父) | 50石(隠居料) | ○ | ○ | | 76 |
| 間瀬孫九郎 | (久太夫惣領) | | | ○ | | 22 |
| 小野寺幸右衛門 | (十内惣領) | | | ○ | | 27 |
| 間新六 | (喜兵衛次男) | | | ○ | | 23 |
| 奥田貞右衛門 | (孫太夫養子) | | ○ | ○ | | 25 |
| 矢頭右衛門七 | (長助惣領) | (亡父20石3人) | | | | 17 |
| 村松三太夫 | (喜兵衛惣領) | | ○ | ○ | | 26 |
| 岡野金右衛門 | (部屋住) | (亡父200石) | | ○ | | 23 |
| 大石主税 | (内蔵助惣領) | | | ○ | | 15 |

『忠臣蔵』第3巻（兵庫県赤穂市，1987年）所収の「付録6　赤穂四十七士一覧」，「元禄十三年辰三月廿有七日　播州赤穂城主浅野内匠頭侍帳」（大石神社編『大石家義士文書　赤穂義士史料集三』新人物往来社，1982年）より作成．なお「実父」は実父が浅野家家臣でなかった者，「年齢」は討ち入り時の年齢を示す．

臣団における格・職、親族関係の観点から彼らを分析し、人間関係とその行動との関連を考えてみたい。表8は討ち入り参加者の氏名、格・職、もとの知行高、内匠頭刃傷時の江戸滞在の有無、親族関係の有無、実父と浅野家の関係、年齢を一覧にしたものである。また図7は、親族と一緒に討ち入りをした参加者のうち、主要な四つの親族集団の関係を表したものである。

**江戸での刃傷事件の体験**

表8をみると、内匠頭が殿中で刃傷事件を起こした折に江戸にいたのは二四人で、討ち入り者の半数強にのぼっている。通常、家臣の多くは国元に居住しているから、いかにこの体験が彼らに影響を与えたかが理解できよう。前年の「元禄十三年辰三月廿有七日

表8　討ち入り参加者一覧表

| 氏　名 | 格・職 | もとの知行高 | 在江戸 | 親族 | 実父 | 年齢 |
|---|---|---|---|---|---|---|
| 大石内蔵助 | 家老　国家老上席 | 1500石 | | ○ | | 44 |
| 吉田忠左衛門 | 物頭　加東郡代 | 200 | | ○ | | 62 |
| 原惣右衛門 | 物頭　鉄砲足軽頭 | 300 | ○供 | ○ | ○ | 55 |
| 片岡源五右衛門 | 用人 | 350 | ○供 | | ○ | 36 |
| 間瀬久太夫 | 大目付 | 200 | | ○ | | 62 |
| 小野寺十内 | 京都留守居 | 150 | | ○ | | 60 |
| 礒貝十郎左衛門 | 用人 | 150 | ○供 | | ○ | 24 |
| 近松勘六 | 馬廻 | 250 | ○供 | ○ | | 33 |
| 冨森助右衛門 | 馬廻　使番 | 200 | ○ | | | 33 |
| 潮田又之丞 | 馬廻　国絵図役 | 200 | | ○ | | 34 |
| 堀部安兵衛 | 馬廻　江戸留守居 | 200 | ○ | ○ | ○ | 33 |
| 赤埴源蔵 | 馬廻 | 200 | ○ | | | 34 |
| 奥田孫太夫 | 馬廻　江戸武具奉行 | 150 | ○ | ○ | ○ | 56 |
| 矢田五郎右衛門 | 馬廻 | 150 | ○ | | | 28 |
| 大石瀬左衛門 | 馬廻 | 150 | ○供 | ○ | | 26 |
| 早水藤左衛門 | 馬廻 | 150 | ○供 | | ○ | 39 |
| 間喜兵衛 | 馬廻　勝手方吟味役 | 100 | | ○ | | 68 |
| 中村勘助 | 馬廻　祐筆頭 | 100 | | ○ | ○ | 47 |
| 菅谷半之丞 | 馬廻　代官 | 100 | | | | 43 |
| 不破数右衛門 | 元馬廻 | 元100 | ○ | | | 33 |
| 千馬三郎兵衛 | 馬廻 | 100 | | | ○ | 50 |
| 木村岡右衛門 | 馬廻　絵図役 | 150 | | | | 45 |
| 貝賀弥左衛門 | 中小姓近習　蔵奉行 | 10両2石3人 | | ○ | | 53 |
| 大高源五 | 中小姓近習　膳番 | 20石5人 | ○供 | ○ | | 31 |
| 岡嶋八十右衛門 | 中小姓近習　札座奉行 | 20石5人 | | ○ | ○ | 37 |
| 武林唯七 | 中小姓近習 | 10両3人 | ○供 | | | 31 |
| 倉橋伝助 | 中小姓近習 | 20石5人 | ○ | | | 33 |
| 村松喜兵衛 | 中小姓近習 | 20石5人 | ○ | ○ | ○ | 61 |
| 杉野十平次 | 中小姓近習 | 8両3人 | ○供 | | | 27 |
| 勝田新左衛門 | 中小姓近習 | 15石3人 | | | | 23 |
| 前原伊助 | 中小姓近習　金奉行 | 10石3人 | ○ | | | 39 |
| 吉田沢右衛門 | 中小姓近習 | 10両3人 | | ○ | | 28 |
| 間重次郎 | 中小姓近習 | | ○供 | ○ | | 25 |
| 神崎与五郎 | 横目 | 5両3人 | | | ○ | 37 |
| 茅野和助 | 横目 | 5両3人 | | | ○ | 36 |

播州赤穂城主浅野内匠頭侍帳」によれば、江戸給人（馬廻《うままわり》）のうち冨森助右衛門、赤埴源蔵、堀部安兵衛（親子）、矢田五郎右衛門、奥田孫太夫（親子）が討ち入りに参加した。江戸詰めの中小姓近習《ちゅうこしょうきんじゅう》では、前原伊助のほか村松喜兵衛（親子）らの名が見える。彼らは江戸在府であるから、江戸藩邸内で起居を共にし、参勤交代で上京する藩主の側近くで奉公していた。国元にいる同格の者と比べて、藩主との距離は格段に近いと言えよう。

また国元在住だが、江戸まで上京する内匠頭に供奉して刃傷事件に遭遇したのは、一二人である。足軽頭の原惣右衛門、用人《ようにん》の片岡源五右衛門・礒貝十郎左衛門のほか、馬廻では近松勘六・大石瀬左衛門、最初の早打ちの任にあたった早水藤左衛門がいる。また中小姓近習では、父・弟と共に参加した間重次郎のほか、内匠頭家来の父を持ちながら幼くして死別した大高源五、武林唯七、杉野十平次の名が見える。内匠頭に取り立てられて家臣となった徒士の横川勘平、台所役人の三村次郎左衛門、さらに刃傷事件の五、六年前、内匠頭の勘気にふれて暇を出され、当時江戸に住んでいた浪人不破数右衛門も参加している。

彼らは江戸にいて、主君の刃傷から江戸藩邸引き渡しまでの体験を共有したが、最

【大石グループ】

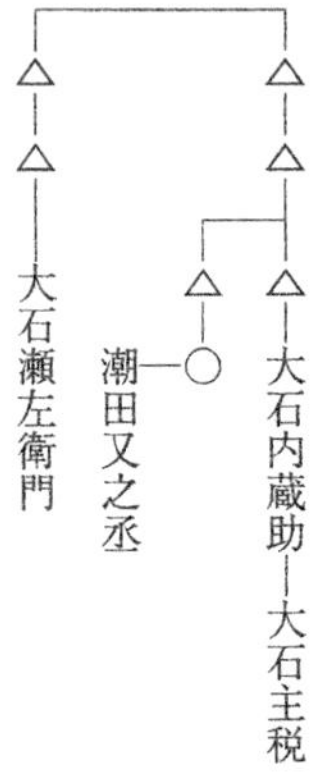

図7　討ち入り参加者の親族関係図

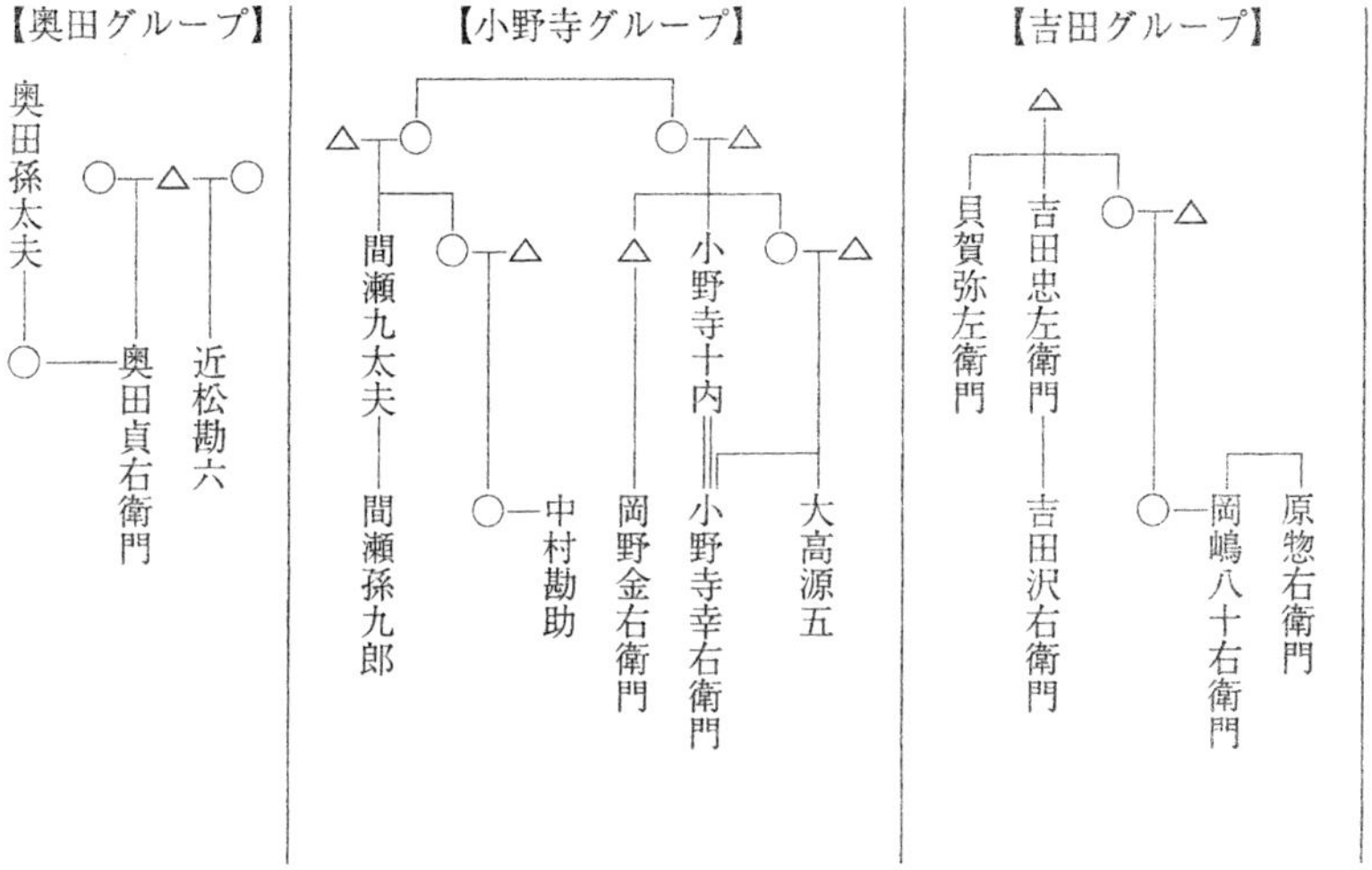


初から一団にまとまっていたわけではない。馬廻、用人、中小姓近習という格・職ごとに、それぞれ行動していたのである。まず馬廻からみると、堀部安兵衛・奥田孫太夫、後に離脱した高田郡兵衛はいずれも江戸給人で、剣客堀内源右衛門の同門という個人的な人間関係もあってか、当初より吉良邸討ち入りを主張し行動を共にしていた。赤穂城明け渡し後、三人は赤穂から江戸に戻り、内蔵助と今後の方針をめぐり三人の連名で書状のやりとりをしたのは、すでにみたところである。三人の結束は堅く、高田がやむなく盟約から離脱するまで続いた。また馬廻の早水と近松は、開城後すぐ高野《こうや》山《さん》に内匠頭の碑を建てている（大石内蔵助書状〈106〉）。

次に用人では、礒貝と片岡が内匠頭の遺体を受け取って泉岳寺に葬り、髪を切っている。また中小姓近習の武林・倉橋・杉野・前原に、江戸に住んでいた浪人不破と国元の中小姓近習勝田新左衛門を加えたメンバーは、後に浅草茶屋で固い申し合わせをしている（「堀部筆記」）。

**家臣団における格・職**

次に格の観点からみると、家老〜物頭が三人（六・四％）、用人〜馬廻（元馬廻一人を含む）が一九人（四〇・四％）、中小姓近習が一一人（二三・四％）、隠居した親と部屋住の息子が九人（一九・一％）、横目以下の下級武士と足軽が五人（一〇・六％）となる。構成比でみると、用人〜馬廻が一番多く、中小姓近習、隠居した親と部屋住の息子がそれに続いている。

家臣団の頂点に立つ家老四人と番頭五人のうち、討ち入りに参加したのは内蔵助一人であった。物頭では吉田忠左衛門と原惣右衛門を数えるのみであり、あとは用人・馬廻・小姓とその家族が大半を占めている。離脱者のうち、番頭の奥野将監は内蔵助の曾祖父の弟の孫、物頭（足軽頭）の進藤源四郎は大叔母の子、同じく物頭の小山源五左衛門は内蔵助の叔父である。物頭以上で、当初行動を共にする旨を神文に書いて提出していたと考えられる者は一一人、離脱者は八人だから、そのうち四割弱の三人は内蔵助一族の者であった。

また、用人から馬廻までの者をみると、用人は二人、大目付と京都留守居が一人ずつ、馬廻（元馬廻も含める）は一五人で計一九人となり、参加者の四割を占めている。このうち一一人は刃傷当時、江戸に滞在しており、小野寺十内は京都留守居として京都にいたから、この階層で国元にいた者のうち、討ち入りまで残ったのは七人だけである。馬廻の半数ほどは江戸留守居、勝手方吟味役などの役職についており、いわゆる「役方」か「番方」かで討ち入り参加の有無に特徴があるわけではない。

次に中小姓近習では一一人が参加している。そのうち七人は、江戸で事件に遭遇している。蔵奉行、札座奉行、金奉行など、勘定方関係の役職についている者もいる。また五人は、幼い頃に内匠頭家臣であった父親を亡くし、小姓に取り立てられている。彼らにとって、内匠頭は小姓として身近に奉公する存在であると同時に、幼少で取り立てられたおかげで自らの「家」がたちゆくことができたという御恩を感じる存在でもあったはずである。たとえば大高源五は母に宛てた手紙で「なまじいに御側近き御奉公相つとめ、御尊顔拝し奉り候朝暮の義、今もって片時忘れたてまつらず候」（大高源五書状〈47〉）と、主君と朝夕を共にする小姓としてのやみがたい気持ちを訴えている。途中で死亡した矢頭長助（討ち入りした矢頭右衛門七の父）と自殺した萱野三平もこの階層に属していた。

最後に、下級武士についてみておきたい。神崎与五郎と茅野和助は、共に横目で五両三人扶持、横川勘平は徒士で六両三人扶持である。この三人に共通しているのは、いずれも彼らの代になって内匠頭に取り立てられた者だということである。神崎と茅野の家はどちらも祖父の代から津山藩主森氏に仕えていたが、森家が元禄一〇年（一六九七）に断絶したため赤穂に来て、内匠頭に召し出された。また横川の父は浪人で赤穂にいるが「親類書」には「先主御座無く」と書かれてあり、勘平のとき内匠頭の家臣になったと考えられる。

他方、内匠頭というよりは、盟約参加者との個人的な関係から、討ち入りに参加した者も二人いる。台所役人の三村次郎左衛門は江戸藩邸引き渡し後、赤穂でも残務整理にあたり、内蔵助からその忠節を絶賛されて内蔵助と行動をともにした者であった。寺坂吉右衛門は吉田忠左衛門組の足軽であった。

## 親族関係

単独で討ち入りに参加した者は二一人、残りの二六人（五五％）は親子あるいは何らかの親族関係を持っている。親子で参加したのは、大石内蔵助・主税、吉田忠左衛門・沢右衛門、間瀬久太夫・孫九郎、小野寺十内・幸右衛門、堀部弥兵衛・安兵衛、奥田孫太夫・貞右衛門、間喜兵衛・重次郎・新六、村松喜兵衛・三太夫で、彼らは各自の「家」単位で参加していると言えよう。また、二六人のうち一九人は、図7にみるように、四つの系図に収まる範囲の親族関係にある。この四つを大石グループ、吉田グループ、小野寺グループ、奥田グループと名付けると、それぞれ四人、五人、七人、三人となる。実に討ち入り参加者の四割は、四つの家系のどれかに属していたのである。

## 実父が浅野家家臣でなかった参加者

隠居した親や部屋住の息子九人を除く三八人のうち、実父が浅野家家臣の家臣ではなく、本人の代で取り立てられたか、あるいは浅野家家臣の家へ養子に入ったり浅野家家臣の娘と結婚して、家臣になった者は一三人いる。用人の礒貝十郎左衛門の父は幕臣松平隼人正の家臣だったが、安兵衛の養父堀部弥兵衛の推挙により、礒貝は内匠頭の児小姓として家臣になった。原惣右衛門の父は、上野介の妻の兄である上杉綱勝のところにいた。千馬三郎兵衛の父は高槻藩の永井直達《なおたつ》家臣であった。安兵衛のように弥兵衛に剣の腕を見込まれて、堀部家へ養子に入った者もいる。このほか、実父が浅野家の家臣であったものの、大高源五のように幼くして父を亡くし、内匠頭に取り立てられて「家」が維持できた小姓も数人いる。

こうしてみると、討ち入りに参加した者のほとんどは、江戸で主君の刃傷・切腹から江戸藩邸の収公までを体験するか、内匠頭と空間的・精神的に近い関係を持っていたか、あるいは参加者の中に親族がいるかのどれかの要素を持っていたと言える。

# 吉良邸へ

## 四七人の討ち入り

安兵衛にみる主君との情誼的一体感は、決して彼だけのものではなかった。幼少から主君と生活を共にしてきた小姓、江戸藩邸内に居住する江戸定府の者、内匠頭に新たに取り立てられた新参者も、主君との一体感を持っていたが、彼らは古い武士のエトスをそのまま引きずっていたわけではない。逆に内蔵助が、主君との個人的関係よりも伝統化した「御家」との関係を強く意識していたからといって、一七世紀後半から現れてきたとされる官僚的武士というわけでもない。彼らの違いは時代の違いというより、「家」「御家」との関係、主君との個人的関係といった要素の違いに由来するものであった。

内蔵助と安兵衛は忠義の対象こそ違っていたが、どちらも「家」・一族の名誉を重んじ、武士としての矜持《きょうじ》を強く持っていた点で一致している。そしてこれは、他の浪士にも共通してみえる要素であった。討ち入りは武士道にもとづく忠死であり、本人のみならず「家」・一族の名誉となる行為、死を怖れない武士としての姿を衆目にさらす行為であるという観念である。彼らにとって討ち入りは、親より先に死ぬという個人的な事情を超えた、武士としてのいわば公的な行動であった。下級武士を歓迎する一方で、武士ではないという理由で医師を参加させなかったのも、他身分とは異なる武士としての存在を強烈に感じたからである。したがって、途中で離脱した浪士は臆病者・卑怯者のレッテルを貼られることになった。その臆病さを批判することによって、自己の名誉心を満足させた者もいれば、離脱すると武士としての面目が立たないという不名誉を、自らも「家」・一族も背負うという強迫観念から、盟約を守った者もいただろう。

彼らは「忠＝公」を「孝＝私」に優先させたが、それは後者を否定するのではなく、むしろ前者の達成が後者を含む「家」への貢献となるという意識であった。それを支えていたのが、武士としての道＝武士道である。彼らが依拠した武士道とは、個人の次元で閉鎖的に存在するものではなく、常に武士社会の目を意識した死生観にもとづくものであった。

討ち入りに際して、彼らは「家来口上書」を残した。堀部弥兵衛が一族に宛てて書こうとした「残書」＝遺書をもとにし、朱子学者細井広沢《ほそいこうたく》の示唆を受けて加筆修正をほどこした結果、できあがったと考えられている。口上書では、上野介を討ち留めることができなかった内匠頭の心底を考えると、家臣には忍びがたいものがあるとし、不倶戴天《ふぐたいてん》の敵を討つために吉良邸へ討ち入ると説明している。討ち入りはひとえに、亡君の意趣《いしゅ》の志を継いだ行動であるというのである。

### 家来口上にみる討ち入り正当化の論理

興味深いのは、吉良邸討ち入りを正当化するために、彼らがどのような論理を展開しているかという点である。口上では内匠頭が「吉良上野介殿へ意趣を含み罷《まか》り在り候処、御殿中に於いて当座遁《のが》れ難き儀御座候歟《か》、刃傷に及び候」と書かれている。殿中刃傷が起きたのは、内匠頭が上野介に対して以前から意趣を持っていただけではなく、刃傷の当日、避けようのない事があったからだと説明している（「家来口上書」）。

すでに論じたように、内匠頭の遺恨の具体的内容が不明であることをふまえて、幕府は一方的に切り付けた内匠頭だけを処罰した。しかし、刃傷が遺恨に加えて、「当座の喧嘩」によるものだったとすれば、内匠頭だけを処罰したのは「片落ち」であったということになる。

ただし、彼らはそれゆえ吉良邸に討ち入るとは述べていない。あくまでも、上野介を討ち取れなかった亡君の鬱憤を晴らしてその志を継ぐため、不倶戴天の敵を討つという論法をとっている。つまり、殿中刃傷に対する処罰については法的思考の枠組みで、吉良邸討ち入りについては主従の忠義の枠組みで、自らの行動を説明しようとしているのである。

討ち入った浪士は、亡君の鬱憤を晴らすためだけに一義を決行したわけではない。しかし、彼らはその名誉心を前面に押し出すことなく、幕藩制において重視された主従関係を守った上での行動であるとして、討ち入りを正当化しようとしたのである。

## 討ち入り成功と世間の反応

討ち入りの成功がすぐに江戸の評判になったことは、江戸在住の内垣孫之進が山城《やましろ》国相楽《そうらく》郡の浅田金兵衛に宛てた一二月一六日付けの手紙からうかがえる。浪士たちが浅黄色《あさぎいろ》の股引《ももひき》をはいて鑓《やり》を手にし、勝ち鬨《どき》をあげて上野介の首をひっさげていったという噂が広まっていたようだ。すでに一六日の時点で彼らの出で立ちの情報が出回り、「江戸中の手柄」と書いていることからみても、江戸っ子の耳目を引いた事件であったことはまちがいない（「浅田家文書」）。

討ち入り後、浪士たちは泉岳寺まで引き揚げるときに、丹後宮津《たんごみやづ》藩の江戸藩邸の門前を通った。宮津藩奥平昌成の家中である桜井正朝によれば、鑓や刀の鞘《さや》もつけず、鑓・長刀・太刀・衣服に血を付けた二〇人ほどの集団が門前を通り、怪しげな様子にみえたため、身元を尋ねたという。すると、自分たちは内匠頭の家臣で、上野介の首を泉岳寺へ持参するところだという答えがかえってきた。大目付仙石久尚《ひさなお》が一五日の取り調べで、本所から泉岳寺までの道すがら、大名屋敷や辻番所の者に呼び止められなかったかとたずねた時、桜井と話したことを奥田孫太夫が語ったらしい。桜井は、思いもかけず自分の名前が世間に知られ「御家」の外聞もよい、と書状の中で自慢している（「宮津藩家中書状」）。

なお、どちらの書状でも文中には「四十七人」とみえるので、行方がわからない寺坂吉右衛門も含めた四七人が討ち入ったと世間には広まっていたようだ。

それでは、勅使をおくった公家社会ではどのような反応がみられたのだろうか。ここでは平井誠二氏が紹介した「定基卿記《さだもときようき》」にみえる記述をあげておきたい。

## 公家の反応

野宮定基《ののみやさだもと》は有職四天王の一人にあげられるほどの学者で、「定基卿記」元禄一六年二月二日条で事件の経過を記したあと、自身の考えとして次のように述べているという。「私憤から殿中刃傷に及んだ内匠頭が理非《りひ》にかかわらず処罰されるのは、家康以来の祖法であり、内蔵助が主君の切腹に憤慨したのは不当である。内蔵助が『春秋の法』を知っていたら、自殺するか出家するか、あるいは餓死していたかもしれない」。つづけて野宮は、「内匠頭が刑に処せられたのは自ら罪を犯したからである。浪士たちの討ち入りは、太平の世に徒党して兵具を帯びた行為だが、営利を求めたものではなく、刑罰も恐れなかったから、勇猛の士というべきではあろう。ただし、賊論をもって大罪に処すのは当然である。しかるに、将軍は切腹を命じた。殿中刃傷の折、上野介の怯弱《きょうじゃく》を責めて追放していれば、内蔵助が憤慨することもなかったわけだから、刃傷事件で上野介を不問にしたのはいささか誤りであった」としている。

## 討ち入り参加者の供養と顕彰

元禄一五年（一七〇二）、烏山藩主永井直敬《なおひろ》が赤穂へ転封したことはすでに述べたが、その統治は三年ほどで終わりを告げ、宝永三年（一七〇六）備中から森長直が赤穂へ入封した。赤穂藩で赤穂事件がどのように語り継がれていったのか、それをうかがわせる史料をいくつかみてみよう。

『播州名所巡覧図絵』は文化元年（一八〇四）に出版された名所図会である。浅野家菩提所の花岳寺境内の様子をみると、内匠頭の墓石の周囲を四七人の「義士」の石塔が取り囲んでいるさまが描かれており、江戸の泉岳寺と変わるところはないと記されている。また、寛延三年（一七五〇）に建てられた「忠義塚」の序文も掲載されている。

宝暦一二年（一七六二）に著された「播磨鑑《はりまかがみ》」は、全一七冊に及ぶ播磨一国の地誌である。そこでは、四六人の浪士は古今に秀でた忠義の武士であると評価し、赤穂藩に入封した森長直から数えて三代目の森政房の家臣小林貞眞が、討ち入りした浪士を追慕して顕彰

図8　『播州名所巡覧図絵』

したと述べている。

しかし一方で、天保二年（一八三一）一二月一四日の「義士追善法要」は、縁故者だけの参会でしめやかに行われたという（『赤穂市史』第二巻）。

**離脱者のゆくえ**　討ち入り参加者の遺族については、その後どうなったかわかっている者もいる。たとえば内蔵助の息子大石大三郎は、本家広島浅野家へ召し出され、吉良邸の情報収集に功のあった大石無人の息子たちの運動により、本家広島浅野家へ召し出され、内蔵助が離縁した妻りくと彼らとの文通も残っている（『大石家義士文書』）。

しかし離脱者のその後についてはほとんどわからない。奥野将監の墓が兵庫県中町の糀屋山本家墓地内に、また江戸家老だった藤井又左衛門の墓が、兵庫県姫路市の竜門寺にあるようだ。

赤穂藩の家老の一人大野九郎兵衛については、いくつか伝説が残されている。大野は赤穂城明け渡しの前に姿を消したが、「仮名手本忠臣蔵」では斧九太夫の名前で登場し、塩冶判官（内匠頭）切腹のあと御用金の配分方法をめぐって、大星由良之助（大石内蔵助）と意見を異にする役柄である。そのため、伝説も生まれたのではないだろうか。

山梨県甲府市にある能成護国禅寺には、将軍綱吉の側用人《そばようにん》柳沢吉保を頼って大野が甲斐に移り住んだという言い伝えがある。また山形県米沢市の板谷《いたや》峠《とうげ》は、内蔵助たちの討ち入りが失敗したときに備えて、大野たち赤穂浪士第二軍が潜伏し、討ち入り成功後、切腹した場所と伝えられ、供養碑が立っている。また群馬県安中市には、その周辺に位置する吉良家の飛び地領に上野介が逃れてくるだろうと予想して、大野が手習い師匠をしながら潜伏していたという伝説がある（谷口眞子「赤穂浪士と伝説」）。離脱者にはそれぞれの事情や考えがあったわけだが、次に述べるような「忠臣蔵」文化に席巻されて、その存在はわずかに残る伝説や墓に面影をとどめるばかりである。

# 赤穂事件から「忠臣蔵」へ――エピローグ

## 討ち入りは敵討か

討ち入りした浪士たちを義士・忠臣とみなすかどうかは、上野介が主君の敵《かたき》に相当し、吉良邸討ち入りが敵討《かたきうち》と解釈できるかどうかにかかっている。「討ち入り＝敵討」なら「浪士＝義士・忠臣」、「討ち入り≠敵討」なら「浪士≠義士・忠臣」という図式が成り立つわけである。

討ち入りに関する儒者の著作は、三宅尚斎《みやけしょうさい》を境にして前後に分けることができる。第一期は、林鳳岡《はやしほうこう》の「復讐論」から室鳩巣の「赤穂義人録」、さらに宝永年間に相前後して書かれた佐藤直方の「四十六人之筆記」、荻生《おぎゅう》徂徠《そらい》の「四十七士論」、浅見絅斎《あさみけいさい》の「赤穂四十六士論」、享保三年（一七一八）頃作成されたと思われる三宅尚斎の「重固問目」に至る時期である。

「復讐論」と題する短文を著した大学頭《だいがくのかみ》林鳳岡は、四六人は亡君の遺志を継いで義を示したとはいえ、天下の法に背いたために処罰されたと述べた。一方、加賀藩に仕えていた室鳩巣は、書名からも明らかなように、討ち入りした浪士を「義人」と評価し、上巻で殿中刃傷から浪士切腹までを、下巻で四六人のほか、片岡源五右衛門の下僕元助や寺坂吉右衛門についての銘々伝を展開している。「赤穂義人録」は、事件後早い時期に執筆されたこともあり、内匠頭が賄賂を渡さなかったために上野介から恥辱を受け、殿中刃傷に及んだという仮説は大きな影響を与え、通説の位置を占めるに至った。

佐藤・浅見・三宅はいずれも山崎闇斎《やまざきあんさい》の門下生で、崎門《きもん》派の三傑と呼ばれた秀才であった。しかし同門とはいえ、彼らの考え方は著しく異なっている。佐藤直方は、上野介が敵《かたき》ではない以上、大法に背いた討ち入りは敵討に該当せず、浪士たちは義士ではないとしている。一方、浅見絅斎・三宅尚斎はいずれも義士と評価している。三人は内匠頭の刃傷と浪士の討ち入りについて、法と忠孝道徳の側面から検討し、内匠頭の刃傷に対する上野介の対処、討ち入りの法的正当性、討ち入り方法の妥当性、討ち入り後の浪士の行動などを考察した上で、このように相対立する見解を示したのである。殿中刃傷と討ち入りに関する基本的な論点は、この第一期にほぼ出尽くしたと言ってよい。

第二期は享保一七年（一七三二）頃に書かれた太宰春台《だざいしゅんだい》の「赤穂四十六士論」と、それに対するさまざまな批判が書かれた時期である。太宰は、上野介が主君の敵に該当せず、主君の邪志を継いだ浪士の行動は義とは評価できないとした、荻生徂徠の考え方を受け継いでいる。それに対し、松宮観山《まつみやかんざん》の「読四十六士論」や五井蘭洲《ごいらんしゅう》の「駁太宰純四十六士論」は、太宰を批判したものである。彼らの著作にみえる「四十六士論」は、太宰の「赤穂四十六士論」を指している。

現在、江戸時代の敵討といえば、赤穂浪士の討ち入りを思い浮かべる人がほとんどだろう。しかし、討ち入りが敵討かどうかをめぐって議論が生じること自体、江戸時代に起きた他の敵討とその実力行使の性格が異なっていたことを示している。親兄弟や主人を不法に殺害した者が逮捕されていないときに、その家族や家来が殺害者を討つこと、という敵討の定義からすれば、吉良邸討ち入りは法的観点でみるかぎり敵討ではない。内匠頭は上野介に殺害されたのではなく、殿中での暴力行為を理由に公的に処罰されたわけだから、上野介は内匠頭の敵に該当しないのである。浪士たちは切腹を言い渡されたが、忠孝道徳を奨励し喧伝していた時期だからこそ、主君への思いゆえに討ち入りに及んだとする浪士の論理が配慮されて、切腹という名誉刑になったと考えるべきだろう。

このような議論は主に儒者の間で写本を通じて広まった。法や道徳という観点から内匠頭の刃傷と吉良邸討ち入りを理解しようとする姿勢は、主に学者内部でのみみられたところに特徴がある。庶民は赤穂事件を、浄瑠璃や歌舞伎などの芝居、さらには黄表紙などの文学作品を通じて、一種のエンターテインメントとして受容した。それだけに「忠臣蔵もの」は予想を超えた広がりを見せることになった。まず、浄瑠璃・歌舞伎の世界からみていこう。

## 「仮名手本忠臣蔵」の成功

寛延元年（一七四八）八月一四日、竹本座で演じられた浄瑠璃「仮名手本忠臣蔵」は大成功を収め、翌年歌舞伎として上演された。「古今いろは評林」によれば、寛延二年の春、江戸森田座で「仮名手本忠臣蔵」が上演され、二月六日の初日から非常に受けたらしい。森田座に続いて市村座や中村座でも上演され、江戸三座での評判はよく大勢の観客で賑わったようである。京都では同年三月に中村松兵衛《まつべえ》座が、大坂では嵐三五郎座が一二月に興行した。江戸・京都・大坂の三都のみならず、諸国の歌舞伎芝居でも「忠臣蔵」が取り上げられ、その数は枚挙に暇がないほどであった。

江戸の歌舞伎役者五代目市川海老蔵は、天保一三年（一八四二）南町奉行鳥居耀蔵《とりいようぞう》から、奢侈《しゃし》を理由に江戸十里四方追放を言い渡されるが、それまでたびたび「忠臣蔵」を演じていた。木村涼氏によれば、天保四年から天保一〇年にかけて、海老蔵は天保四年三月に河原崎座、同年八月に市村座、天保六年八月に市村座、天保八年九月に市村座、天保一〇年六月に市村座というように、二年ごとに「忠臣蔵」を公演し、大星由良之助、桃井若狭之助、天川屋義平、寺岡平右衛門などを演じている。

**「忠臣蔵」文化の広がり**

随筆『宮川舎漫筆《みやかわのやまんぴつ》』の中には「義士堀部安兵衛書置并鑓」という項目がある。ここには作者と堀部家の不思議なつながりが書かれている。

自分が天保年間に住んでいた本所台所町の向かいには、松平家の家老本多氏の屋敷があった。その家臣忠見次郎右衛門のところに、堀部安兵衛の書き置きや、討ち入りに使った鑓、さらに討ち入りの際の配置の絵図面などがあった。安兵衛は忠見家から堀部家へ養子に入ったので、実家への書き置きである。この品々は討ち入りの夜、鑓に添えて庭先に投げ込まれたという。義士の書状や遺品であると世間でもてはやされる物の多くは、利に走る者の偽作である。忠見氏が伝えるこの品々は、吉良邸の隣家にある実家が所有しているもので、書き置きや形見となった鑓をみると、実際に義士堀部氏に会った心地がして、自ずと感激の涙が流れて止まらない。

堀部安兵衛の親類書には「叔父　本多孫太郎様ニ罷在《まかりあり》候　忠見扶右衛門」とみえ、その子宗助・友四郎は扶右衛門と共に、忠見文五郎は堀部弥兵衛の妻と一緒に住んでいると書かれている（「堀部安兵衛親類書」）。安兵衛は討ち入り前の一二月一〇日、この従弟文五郎に家族を頼むと遺言しており（堀部安兵衛書状〈108〉）、右にみえる忠見次郎右衛門は忠見家の子孫と考えられる。おそらく作者が見た鐙は、実際に安兵衛が使ったものだったのだろう。討ち入りを遺族が次世代に伝えていったことがうかがえる。

同じく天保期に書かれた「巷街贅説《こうがいぜいせつ》」にも、泉岳寺へ参詣する人が多く、軒を並べた料理屋や茶屋のそこかしこに、「仮名手本忠臣蔵」にちなんだ名前がみえると記されている。一力茶屋《いちりきぢやや》の場面を彷彿とさせる「一力」の暖簾《のれん》、大石主税の役名である大星力弥にちなんだ「力弥豆」、討ち入りを助けた商人として登場する天川屋義平からとった「天川白酒」などである。「忠臣蔵」の筋書きが庶民に知られていたからこそ、このような命名がされたと言えよう。

「仮名手本忠臣蔵」以外の歌舞伎の演目や、黄表紙などの文学作品、「忠臣蔵」をもとにした小咄《こばなし》など、多様な「忠臣蔵」文化については紙幅の都合上、詳しく述べられないが、さまざまな媒体を通じて、赤穂事件が「忠臣蔵」として人々に記憶されるに至ったことを強調しておきたい。

## 明治以降の「忠臣蔵」

明治元年（一八六八）、明治天皇が泉岳寺へ勅使を派遣し、「汝良雄等、固く主従の義を執り、仇を復して法に死す。百世の下、人をして感奮興起せしむ。朕深く嘉賞す」という勅語を与えた。討ち入った浪士たちの「主

図9　泉岳寺墓所

従の義」が評価されたのである。さらに翌年、三条実美《さんじようさねとみ》と岩倉具視《いわくらともみ》が「義士」の祠堂建立と木像制作を提案し、神道方式での落成式が行われた。

しかし赤穂浪士たちは「義士」として賞讃されたばかりではない。宮澤誠一氏は、欧化主義の時代には「義士」批判の風潮が強く、国粋主義の時代・日本回帰の時代には「義士」讃美の風潮が強くなると指摘している。

文明開化の時期には、欧米の啓蒙思想が導入され封建的思想が否定される傾向にあり、福沢諭吉は「義士」を批判した。ところが日露戦争後、国家主義思想が高揚した時期には、福本日南《ふくもとにちなん》の『元禄快挙録』にみられるように、「義士」の犠牲的精神を強調し、国民統合を目指した国粋主義的言説が登場する。大正デモクラシー期になると、個人主義文学の発展や民主的運動の隆盛にともなって、世間と自己の葛藤などのテーマで「忠臣蔵」が取り上げられるにとどまるが、大正デモクラシー運動の衰退期に入ると、中央義士会の活発な活動、あるいは講談や浪花節のラジオ放送を通じて「忠臣蔵」ブームが起こる。そして満州事変以後、五・一五事件や二・二六事件では、軍国主義者の自己正当化の手段として「忠臣蔵」が想起される。このように、赤穂「義士」礼賛期とナショナリズムの時期は重なっているというのである。

赤穂事件は討ち入りが成功し、「仮名手本忠臣蔵」が最もポピュラーな歌舞伎の演目になったため、人々の記憶にいつまでも生き続けることになった。しかしそれは、史実としての赤穂事件としてよりも、創られた「忠臣蔵」の世界として、人々に共有された結果であった。「忠臣蔵」文化はときに国民意識賞揚に利用され、武士の魂を持っていた日本人としての自覚を促して、戦地に赴く若者を鼓舞することにも一役買った。「忠臣蔵」という文化現象は、国家戦略にも利用されつつ「国民の物語」として、現在まで生き続けているのである。

# あとがき

赤穂《あこう》事件や「忠臣蔵《ちゅうしんぐら》」についてこれまで書かれた論文・著作は、おそらく何百にものぼるだろう。世間には赤穂事件に興味を持って、長年調べている人もたくさんいる。むしろ日本史研究者は、これほど史実と物語とが混在して語られる世界に足を踏み入れるのを躊躇している感がある。私も執筆を依頼されたとき、「屋上屋を架す」ことになりはしないかという思いがかすかに心をよぎった。

にもかかわらず、『赤穂浪士の実像』という地味なタイトルで本を出版することに決めたのは、私自身が歌舞伎やドラマの「忠臣蔵」を何度かみた程度で、赤穂浪士に特別の思い入れがなかったためである。「忠臣蔵」文化に浸っていなかったからこそ、先入観や偏見を持つことなく、どれが史実でどれが物語なのかを、一つ一つ検証して峻別しようとしたし、世間の「ヒーロー像」に影響されることなくそれができたように思う。

本書の特徴は、リアルタイムの感覚に立って「勧善懲悪《かんぜんちょうあく》」モデルから赤穂事件を解き放ち、討ち入りの成功を前提とした予定調和の立場を排して、赤穂浪士の等身大の姿とその紆余曲折《うよきょくせつ》を描こうとしたところにある。私たちはともすれば、討ち入りの成功という結果を無意識のうちに前提とし、人々の行動をそれと結びつけたり評価しがちである。そのときどきで赤穂事件にかかわる人が何を考え、どのように行動したのか、そこに流れる思想や論理の近世的な特質は何か、を考察することによって、近世における実力行使の位置や武士社会にみられる名誉感、武士の軍事的側面などがみえてきたのではないだろうか。

もともと赤穂事件との出会いは、埼玉大学で日本史の専門ゼミを担当したことにはじまる。大河ドラマで「元禄繚乱《げんろくりょうらん》」が放映されたあとだったこともあり、「忠臣蔵」なら興味を持ってもらえるだろうと思って、殿中刃傷《でんちゅうにんじょう》と討ち入りをめぐる儒者の議論をとりあげた。授業の準備のために勉強しているうち、赤穂事件が帯びる問題点が次第に理解できるようになり、「赤穂事件に見る公法と忠義——近世の法と道徳について——」(『早稲田大学教育学部学術研究　地理学・歴史学・社会科学編』五〇号、二〇〇一年)という論文で、法と道徳の観点から赤穂事件をめぐる儒者の議論を考察した。

しかし儒者の著作を読み解きながら、浪士の行動はかくあるべきだという評価以前に、そもそも実際に何があったのかということが無性に気になった。そこで、赤穂浪士が残した史料を読み始め、討ち入り参加者の社会学的特質を考察したのが、論文「赤穂浪士にみる武士道と『家』の名誉」（『日本歴史』六五〇号、二〇〇二年）である。

この論文発表と相前後して、早稲田大学オープンカレッジ八丁堀校の「江戸の歴史」コースで、赤穂事件について話したことがきっかけとなり、殿中刃傷から「忠臣蔵」文化までを半年で講義するクラスができた。受講生の熱心な参加に支えられて、このクラスは翌年には春学期と秋学期の二本立てになり、春は「堀部武庸筆記《ほりべたけつねひっき》」や浪士の書状などを読んで、史実としての赤穂事件を検討する〈歴史編〉、秋は歌舞伎や随筆など、赤穂事件の物語化や「忠臣蔵」文化を考察する〈物語編〉という形で現在に至っている。

受講生は赤穂事件を研究している人から、興味を持ち始めたばかりの人までさまざまだが、豊かな社会経験を背景にいろいろな角度からの質問が出るので、「宿題」をかかえて帰宅することも珍しくない。こうした「悪戦苦闘」を経て生まれたのが本書である。

執筆にあたっては、誰でも入手できる良質の史料集として、兵庫県赤穂市の自治体史『忠臣蔵』第三巻を活用させていただいた。赤穂事件の史実を明らかにするための主要な史料は、ほとんどこの史料集に収録されている。なお、近世の実力行使に対する筆者の基本的な立場、特に本書との関係でいえば、喧嘩両成敗法と敵討に関する考え方については、拙著『近世社会と法規範――名誉・身分・実力行使――』（吉川弘文館、二〇〇五年）を参照していただければ幸いである。

討ち入りした赤穂浪士が「義士」であり、正義の味方・ヒーローと思われていた人の目には、本書が提示した彼らの姿がずいぶん違って写ったにちがいない。残された史料の破片をつなぎあわせて歴史を再構成するのが、私たち歴史研究者の仕事である。先入観や偏見を可能な限り排除して、史料から聞こえてくる彼らの声に耳を傾ける。本書がどこまでそれを実現できたのかは読者の判断に委ねるほかないが、今後もこのような姿勢で研鑽を積んでいきたいと思う。

私がこれまで赤穂事件の研究を続けられたのは、ひとえにオープンカレッジの熱心な受講生の方々のおかげである。また前著についで編集者の斎藤信子氏、並びに歴史文化ライブラリー担当の岡庭由佳氏には原稿を読んでいただき、アドバイスを頂戴した。そして、いつも変わらず応援してくれる家族・親族に感謝したい。

二〇〇六年二月

谷口眞子

# 参考文献

## 自治体史

赤穂市史編さん室『赤穂市史』第二巻（兵庫県赤穂市、一九八三年）
赤穂市総務部市史編さん室『忠臣蔵』第一巻（兵庫県赤穂市、一九八九年）
『吉良町史　中世後期・近世』（愛知県吉良町、一九九九年）

## 著書・論文

木村涼「市川海老蔵と風俗取締政策―天保改革期を中心として―」『法政史学』六三号（二〇〇五年）
小岩弘明「沼田家本『勅使御馳走日記』とその周辺」『一関市博物館研究報告』六号（二〇〇三年）
高埜利彦『日本の歴史13　元禄・享保の時代』（集英社、一九九二年）
塚本学『生類をめぐる政治　元禄のフォークロア』（平凡社、一九八三年）
野口武彦『忠臣蔵―赤穂事件・史実の肉声―』（筑摩書房、一九九四年）
平井誠二「朝廷から見た赤穂事件」『歴史評論』六一七号（二〇〇一年）
深井雅海『図解・江戸城をよむ』（原書房、一九九七年）
松島栄一『忠臣蔵』（岩波書店、一九六四年）
三田村鳶魚著・朝倉治彦編『横から見た赤穂義士　鳶魚江戸文庫3』（中央公論社、一九九六年）

宮澤誠一『近代日本と「忠臣蔵」幻想』（青木書店、二〇〇一年）
谷口眞子『近世社会と法規範―身分・名誉・実力行使―』（吉川弘文館、二〇〇五年）
谷口眞子「赤穂事件に見る公法と忠義―近世の法と道徳について―」『早稲田大学教育学部学術研究 地理学・歴史学・社会科学編』五〇号（二〇〇一年）
谷口眞子「赤穂浪士にみる武士道と『家』の名誉」『日本歴史』六五〇号（二〇〇二年）
谷口眞子「赤穂浪士と伝説」『国文学　解釈と鑑賞』平成十七年十月号

## 史料

「梶川氏日記」「栗崎道有記録」「多門伝八郎覚書」「播州赤穂一巻覚書」「堀部武庸筆記」「堀部金丸覚書」「親類書」「宮津藩家中書状」「赤穂義臣対話」赤穂浪士の書状、岡山藩忍びの報告（赤穂市総務部市史編さん室『忠臣蔵』第三巻（兵庫県赤穂市、一九八七年）
「仮名手本忠臣蔵」台本（『忠臣蔵』第四巻、兵庫県赤穂市、一九九〇年）
「赤穂浪人屋敷改帳」赤穂市立歴史博物館『特別展図録　検証・赤穂事件1』（二〇〇一年）
大石神社編『大石家外戚枝葉伝　赤穂義士史料集一』（新人物往来社、一九七九年）
大石神社編『大石家系図正纂　赤穂義士史料集二』（新人物往来社、一九八〇年）
大石神社編『大石家義士文書　赤穂義士史料集三』（新人物往来社、一九八二年）
「赤城盟伝」『赤穂義人纂書　赤穂義士資料大成第一』（一九一〇年）
「赤穂義人録」『近世武家思想』（岩波書店、一九七四年）

金井圓校注『江戸史料叢書　土芥寇讎記』(人物往来社、一九六七年)
「葉隠」『三河物語　葉隠』(岩波書店、一九七四年)
「巷街贅説」『続日本随筆大成　別巻　近世風俗見聞集9』(吉川弘文館、一九八三年)
「宮川舎漫筆」『日本随筆大成〈第一期〉』一六巻(吉川弘文館、一九七六年)
『播州名所巡覧図絵』(版本地誌大系8、臨川書店、一九九五年)
「播磨鑑」(明治四二年)
「営中刃傷記」『新燕石十種　第二巻』(広谷図書刊行会、一九二七年)
竹田出雲作・守随憲治校訂『仮名手本忠臣蔵　附古今いろは評林』(岩波書店、一九三七年)

# 赤穂事件略年表

## 元禄一四年（一七〇一）

三月一四日　浅野内匠頭、江戸城本丸松の廊下で吉良上野介に切りつけ、田村右京大夫の下屋敷で切腹。泉岳寺に遺体が埋葬される。浅野一類中は遠慮を仰せつけられ、第一・第二の早使が江戸より赤穂へ出発する。

一五日　浅野大学が閉門を仰せつけられる。

一七～二三日　江戸鉄砲洲の浅野家上屋敷、赤坂と本所の浅野家下屋敷を幕府へ引き渡す。

一九日　第一・第二の早使が赤穂に到着する。

二〇日　藩札引き替えを始める（三月二八日まで）。

二六日　吉良上野介が役職を辞任し寄合に列す。

二九日　「鬱憤の書付」を持った使者が赤穂を出発する。四月一一日まで、広島藩・三次藩・大垣藩の使者が順次赤穂へ到着し、岡山藩が領境の警固を命じる。

四月一五日　赤穂藩家中が赤穂城下より退去する。

一六日　受城目付荒木十左衛門と榊原采女が赤穂へ到着する。

一七日　赤穂代官石原新左衛門と岡田庄大夫が赤穂へ到着する。

一八日　大石内蔵助が目付と代官へ大学御免を嘆願する。受城使脇坂淡路守が赤穂へ到着する。

一九日　受城使木下肥後守が赤穂へ到着し、赤穂城が明け渡され、脇坂家が赤穂に在番する。
五月六日　浅野一類中の遠慮が解除される。
一二日　大石内蔵助、普門院へ浅野家再興への力添えを嘆願する。
一七日　大石内蔵助、広島藩主・三次藩主へ浅野家再興への力添えを嘆願する。
二〇日　大石内蔵助、遠林寺の祐海経由で、護持院隆光へ浅野家再興への力添えを嘆願する。
六月二四日　江戸泉岳寺と赤穂花岳寺で浅野内匠頭百箇日法要が営まれる。
二五日　浅野一類中の御目見差し控えが解除される。
九月二日　吉良邸を呉服橋内から本所へ移すよう幕府の命令が出る。
一一月一〇日　江戸の芝で堀部安兵衛・大石内蔵助らが会談し、一挙を明年三月に仮決定する。
一二月一一日　吉良上野介の隠居と養子左兵衛の家督相続を幕府が許可する。

## 元禄一五年（一七〇二）

一月一四日　山科衆、伏見衆が瑞光院の内匠頭墓所へ参詣し、寺井玄渓宅で会合を開く。
二月一五日　山科の会合で、大学の処分を待つという大石内蔵助の主張に同意する。
六月二九日　堀部安兵衛が京都に到着し、原惣右衛門・大高源五と討ち入りの相談をする。
七月一八日　浅野大学が閉門を解かれ、浅野本家広島藩へ差し置きを命じられる。
二八日　京都円山で大石内蔵助・堀部安兵衛ら一九人が吉良邸討ち入りを決定する。
八月　横川勘平・貝賀弥左衛門・大高源五が神文判形を回収し、討ち入りの意向を確認する。

一一月三日　赤穂へ転封を命じられた烏山藩主永井伊賀守が龍野藩在番衆から赤穂藩を受け取る。
一二月五日　吉良邸での茶会が延期となり六日早朝の討ち入りを見送る。
一五日　四七人が吉良邸へ討ち入り、吉良上野介の首を泉岳寺の内匠頭墓前へ供え、出頭する。
一六日　寺坂吉右衛門を除く四六人が熊本藩・松山藩・長府藩・岡崎藩の江戸藩邸へ預けられる。

**元禄一六年（一七〇三）**

二月四日　四六人が切腹し泉岳寺に埋葬される。討ち入った浪士の遺児一九人に遠島が仰せつけられる。吉良左兵衛は知行召し上げの上、高島藩諏訪家へお預けとなる。

**宝永三年（一七〇六）**

一月二〇日　吉良左兵衛がお預け先で死去し吉良家が断絶する。
二八日　森長直が備中から赤穂へ転封になる。

**宝永六年（一七〇九）**

七月一八日　浅野大学の広島藩差し置きが赦免される。
七月　大赦により遺児たちが赦免される。

**宝永七年（一七一〇）**

九月一六日　浅野大学が五〇〇石の旗本になり寄合に列せられる。

**享保一七年（一七三二）**

――　東条義孚、家号を吉良に改める。

## 著者略歴

一九六〇年、大阪府に生まれる
一九八二年、早稲田大学第一文学部卒業
二〇〇〇年、早稲田大学大学院文学研究科博士課程史学(日本史)専攻満期退学
二〇〇五年、博士(文学)学位取得(早稲田大学)
現在、早稲田大学非常勤講師

主要著書・論文
『近世社会と法規範』『武士道考』「小牧・長久手の戦いの記憶と顕彰」(藤田達生編『近世成立期の大規模戦争　戦場論　下』所収)「元禄時代と赤穂事件の史実」(服部幸雄編『仮名手本忠臣蔵を読む』所収)

歴史文化ライブラリー
214

# 赤穂浪士の実像

二〇〇六年(平成十八)七月一日　第一刷発行
二〇〇九年(平成二十一)十月一日　第二刷発行

著者　谷《たに》口《ぐち》眞《しん》子《こ》
発行者　前田求恭
発行所　株式会社 吉川弘文館
東京都文京区本郷七丁目二番八号
郵便番号一一三―〇〇三三
電話〇三―三八一三―九一五一〈代表〉
振替口座〇〇一〇〇―五―二四四
http://www.yoshikawa-k.co.jp/
印刷＝株式会社 平文社
製本＝ナショナル製本協同組合
装幀＝山崎　登

歴史文化ライブラリー

1996.10

# 刊行のことば

現今の日本および国際社会は、さまざまな面で大変動の時代を迎えておりますが、近づきつつある二十一世紀は人類史の到達点として、物質的な繁栄のみならず文化や自然・社会環境を謳歌できる平和な社会でなければなりません。しかしながら高度成長・技術革新にともなう急激な変貌は「自己本位な刹那主義」の風潮を生みだし、先人が築いてきた歴史や文化に学ぶ余裕もなく、いまだ明るい人類の将来が展望できていないようにも見えます。このような状況を踏まえ、よりよい二十一世紀社会を築くために、人類誕生から現在に至る「人類の遺産・教訓」としてのあらゆる分野の歴史と文化を「歴史文化ライブラリー」として刊行することといたしました。

小社は、安政四年（一八五七）の創業以来、一貫して歴史学を中心とした専門出版社として書籍を刊行しつづけてまいりました。その経験を生かし、学問成果にもとづいた本叢書を刊行し社会的要請に応えて行きたいと考えております。

現代は、マスメディアが発達した高度情報化社会といわれますが、私どもはあくまでも活字を主体とした出版こそ、ものの本質を考える基礎と信じ、本叢書をとおして社会に訴えてまいりたいと思います。これから生まれでる一冊一冊が、それぞれの読者を知的冒険の旅へと誘い、希望に満ちた人類の未来を構築する糧となれば幸いです。

吉川弘文館

〈オンデマンド版〉
赤穂浪士の実像

On Demand
歴史文化ライブラリー
214

2019年（令和元）9月1日　発行

著　者　谷《たに》口《ぐち》眞《しん》子《こ》
発行者　吉川道郎
発行所　株式会社　吉川弘文館
〒113-0033　東京都文京区本郷7丁目2番8号
TEL　03-3813-9151〈代表〉
URL　http://www.yoshikawa-k.co.jp/

印刷・製本　大日本印刷株式会社
装　幀　清水良洋・宮崎萌美

谷口眞子（1960～）

ISBN978-4-642-75614-3